HISTORIAS DE

Stephen C. Lundin, John Christensen
y Harry Paul, con Philip Strand

Historias de

*La evolución de un equipo
radica en su capacidad
de acumular experiencia*

E M P R E S A   A C T I V A

Argentina - Chile - Colombia - España
Estados Unidos - México - Uruguay - Venezuela

Título original: *Fish! Tales - Real Life Stories to Help You Transform Your Workplace and Your Life*
Editor original: Hyperion, Nueva York
Traducción: Mila Martínez Giner

Originally published in the United States and Canada by Hyperion as FISH TALES. This translated edition published by arrangement with Hyperion.

ISBN: 84-95787-19-9
Depósito legal: B - 40.939 - 2002

Fotocomposición: Ediciones Urano, S. A.
Impreso por Romanyà Valls, S. A. - Verdaguer, 1 - 08786 Capellades (Barcelona)

Impreso en España - *Printed in Spain*

Contenido

Cuarta parte: ESCOGE TU ACTITUD

Introducción

En los últimos años la historia de un sorprendente grupo de empleados del mercado de pescado de Pike Place en Seattle ha estimulado a muchos de nosotros a considerar nuevas posibilidades tanto laborales como personales. Como dijo el poeta David Whyte, estamos buscando maneras para «hacer que el trabajo sea una recompensa en sí mismo y no sólo una vía para obtener recompensas». También buscamos maneras de vivir que constituyan un testimonio del valor incalculable de la vida en un planeta abarrotado.

FISH! narraba la historia de unos pescaderos poco corrientes. En el libro describíamos las cuatro máximas que contribuyen a disfrutar de una vida feliz en el trabajo: JUGAR, ALEGRAR EL DÍA A LOS DEMÁS, ESTAR PRESENTE y ESCOGER TU ACTITUD. Estos principios constituyen la esencia de lo que hemos llamado la Filosofía Fish! Vivir de acuerdo con esta filosofía transforma el ambiente laboral, que se convierte en un lugar de trabajo con una calidad de vida plena y satisfactoria, donde los clientes, tanto internos como externos, viven una experiencia inigualable.

El mensaje principal de este libro, *Historias de FISH!*, se puede resumir en que vivir una vida más plena y satisfactoria es algo que está al alcance de todos. En cada una de las primeras cuatro partes de este libro se presenta una historia real que ejemplifica uno de los principios propuestos en *FISH!* Eso no quiere decir que los otros principios no estén presentes. Todo lo contrario. Por ejemplo, el capítulo dedicado a JUGAR opera dentro de un contexto más amplio que incluye estar presente, alegrar el día a alguien y elegir tu actitud. Es dentro de ese contexto donde resulta apropiado jugar.

Cada historia principal va acompañada de varias historias cortas, a las que hemos dado el nombre de «pequeños bocados», para ilustrar mejor la máxima principal. Y no es preciso leerlas en orden.

Si al leer este libro, te sientes inspirado por sus historias reales, te invitamos a que sigas nuestro programa de 12 semanas de actividades transformacionales que encontrarás al final de *Historias de FISH!*

A lo largo del libro, Steve Lundin será tu guía y narrador. Hablando en primera persona, escucharás su voz y sus puntos de vista, mientras narra la historia de FISH!, presenta los cuatro relatos principales y te orienta a través de las 12 semanas de actividades.

Los demás hemos intervenido en momentos puntuales. Phil Strand ha escrito las historias, y John Christensen y Harry Paul han contribuido aportando una considerable experiencia tras haber trabajado con la Filosofía FISH!, y han compartido sus ideas con nosotros.

¡Ahora ya es tiempo de poner en práctica FISH!

Las ideas básicas de FISH!

John Christensen y yo, cada uno a su manera, hemos sentido curiosidad por explorar todas las posibilidades que encierra el mundo laboral. Durante seis veranos trabajé en campamentos para niños con discapacidades físicas. Después de muchos años de patear el mundo «real», llegué a la conclusión de que el Camp Courage (Campamento Coraje) era uno de los lugares de trabajo más felices en los que había estado nunca. Fue entonces cuando me hice la pregunta de por qué en las organizaciones en las que trabajan personas con plenas capacidades físicas tenía que reinar un ambiente tan triste.

La aportación de John se basaba en una experiencia de largos años como asistente social y en su perspectiva de artista. Su curiosidad se disparaba en las pocas ocasiones en que encontraba un ambiente laboral que irradiara pasión y energía en abundancia. Volvía entonces a la oficina con la historia de un zapatero a quien le apasionaba su trabajo o la de una fábrica de muebles cuyos operarios tenían el ánimo muy alto. Descubrimos que los dos buscábamos una imagen que nos inspirara y ayudara a descubrir las posibilidades que encierra el trabajo, teniendo en cuenta que a él destinaremos la mayor parte de nuestra vida.

En 1977, John y yo volamos a Seattle y nos trasladamos con nuestro equipo de filmación a la pequeña y pintoresca ciudad de Langley, en la isla de Whidbey. Allí filmamos a David Whyte, un poeta famoso por su mensaje, compartido por todas las empresas, que invita a involucrarse totalmente en el trabajo. Charlamos profusamente sobre el entusiasmo en el trabajo. David citó las palabras de un amigo suyo: «El antídoto contra el agotamiento no es necesariamente el descanso. El antídoto contra el agotamiento es el entusiasmo. Son las cosas que haces sin ganas las que realmente te agotan».

Después, delante de la cámara, David mencionó la respuesta que había dado en una entrevista de radio a la pregunta de qué ocurría cuando transmitía su mensaje a las empresas. La respuesta era: «A veces tengo una sensación maravillosa; otras, siento como si estuviera visitando a los reos de una cárcel». Sus palabras me sorprendieron enormemente. «Con esto —prosiguió— no pretendo comparar algunas empresas con cárceles, pero sí mencionar que nuestra ma-

14

nera de vivir en ellas puede convertirlas en verdaderas prisiones».

El tiempo que pasamos con David fue un regalo para el espíritu. Partimos de la isla de Whidbey con una imagen algo más definida, aunque de momento sólo teórica, del ambiente laboral que buscábamos.

Hicimos el camino hasta Seattle en coche y pasamos la noche allí. Yo debía tomar un vuelo a la mañana siguiente pero John quería quedarse un día más. Le pedimos al conserje del hotel que nos sugiriera algún lugar interesante para un turista de Minnesota un sábado. Nos recomendó que fuéramos al mercado de pescado de Pike Place. Apenas conocíamos Seattle, pero nos pareció una buena idea, dado que a John le encanta comprar.

John se encontraba en una de las entradas del mercado cuando oyó gritos y risas. Atraído por el bullicio, se dirigió al lugar de donde provenía el alboroto y acabó sumándose al corro de una multitud entusiasmada. De repente, parte del gentío se dispersó y pudo ver, cara a cara, la fuente de la conmoción. Se hallaba delante del mundialmente famoso mercado de pescado de Pike Place.

Si has visitado alguna vez el mercado de Pike Place, sabrás que cuando un cliente compra pescado, los pescaderos que están delante del mostrador lanzan la pieza por los aires a sus compañeros del otro extremo del mostrador para que la envuelvan. Algunas capturas son tan espectaculares que hacen las delicias de los clientes. Los pescaderos invitan a menudo a su devota clientela a situarse detrás del mostrador y probar suerte atrapando pescados.

Sin embargo aquel día, mientras John veía a la gente que vitoreaba, lo que más le interesaba era cómo se implicaban los pescaderos en su trabajo. A pesar del ruido y de la muchedumbre, cuando los pescaderos atendían a un cliente, parecía como si no existiese nadie más. En cualquier dirección que mirara John, los empleados y los clientes sonreían, reían y, lo más importante, se comunicaban. Así pues, no era casual que las cajas registradoras no pararan de abrirse y cerrarse.

John observó fascinado el espectáculo durante casi una hora hasta que, de pronto, uno de los pescaderos le sacó de su trance.

—Hola —le dijo—. Me llamo Shawn.

Shawn era pelirrojo, tenía una sonrisa enorme y sus ojos brillaban con picardía.

—¿Qué está pasando aquí? —quiso saber John. Shawn le respondió con otra pregunta:

—¿Ha comido ya?

—Sí —le respondió John, sin saber adónde quería ir a parar.

—¿Qué tal resultó ser el servicio? —preguntó Shawn.

John se encogió de hombros.

—Estaba bien, supongo.

—Pero, ¿ha habido realmente comunicación entre usted y el camarero?

«¿Que si ha habido comunicación entre nosotros? ¿Pero de qué habla este hombre?», se preguntó a sí mismo John.

Shawn clavó sus ojos en los de John.

—Mire, ahora mismo usted y yo estamos compartiendo este momento y quiero que nos sintamos como si fuéramos buenos amigos.

John empezó a entender lo que estaba sucediendo. Un puñado de pescaderos —no de licenciados ni de gurús de la organización laboral— le estaban enseñando cómo conseguir más diversión, pasión, concentración y compromiso en el trabajo.

Mientras John seguía observando cómo los pescaderos establecían aquella peculiar comunicación con los clientes, le llamó la atención un episodio en particular. Uno de los pescaderos había colgado un cangrejo de río de los pantalones de un niño. Al verlo, el pequeño se asustó y se echó a llorar. El pescadero se puso de rodillas y fue caminando así hasta el niño que se había refugiado en brazos de su madre. Primero le pidió perdón y, después, un abrazo. El pescadero se había equivocado con el niño pero el hecho de que se lo hubiera vuelto a ganar resultaba muy aleccionador.

Los pensamientos de John retrocedieron a la semana anterior, al día que había llevado a su hija Kelsey al médico porque tenía dificultades para respirar a causa del asma que sufría. De pie, delante del mostrador donde las enfermeras registraban las visitas médicas, John había respondido a una batería de preguntas formuladas con una voz fría e impersonal, mientras Kelsey respiraba con dificultad. La dueña de la voz introdujo las respuestas en el ordenador sin mirarles ni una sola vez y, al acabar, les despidió con un: «Siéntense».

Al cabo de un rato, escucharon una voz que gritó desde el pasillo: «¡Kelsey Christensen!». Durante un reconocimiento superficial, la enfermera, que apenas miró a Kelsey, le golpeó distraída en la cabeza con el medidor ajustable de la báscula. Una vez terminado, y sin mediar palabra, la enfermera abandonó la habitación y echó a andar a grandes zancadas por el pasillo, lo que obligó a John y Kelsey a seguirla corriendo, hasta que finalmente se detuvo delante de una puerta y, sin girarse para mirarles ni dirigirles la palabra, les indicó con un gesto que entraran.

John se fijó en el niño del mercado que ahora sonreía y sujetaba el cangrejo con las manos. «¿Cómo es posible que un pescadero se muestre más atento y cuidadoso con un niño asustado que los profesionales del centro médico al que llevé a Kelsey?», se preguntó.

John observó cómo todos y cada uno de los pescaderos, atraían a los clientes con las atenciones propias del más genuino interés. Tuvo claro que debía filmar estas imágenes. Su intuición le decía que resultaría difícil observar a aquellos hombres en acción, ver la fuerza que les impulsaba día a día y no sentirse inspirado. De repente le asaltó la preocupación. ¿Y si se negaban? Al cabo de dos horas se sintió preparado para hablar del tema con el dueño. Se presentó como director de cine, y antes de poder decir nada más, uno de los pescaderos preguntó: «¿Dónde se había metido? Le estábamos esperando».

ChartHouse Learning no tardó en acudir con sus cámaras al mercado de pescado de Pike Place. Después de examinar horas de metraje, comprobamos que la atmósfera tan especial que habían creado los pescaderos se debía a unas cuantas máximas, unas opciones sencillas pero contundentes al alcance de todo el mundo. Tradujimos aquellas acciones a un lenguaje nuevo al que denominamos Filosofía FISH! Desarrollamos cuatro de los principios en un vídeo documental que titulamos *FISH!* Son los siguientes:

JUGAR – *Cuanto más ameno resulta un trabajo, antes se termina, sobre todo si eliges realizar las tareas difíciles de manera alegre y espontánea. Jugar no es sólo una actividad; es un estado mental que aporta nueva energía a las tareas cotidianas y que suscita soluciones creativas.*

ALEGRARLES EL DÍA – *Cuando tienes un detalle amable o le das un trato especial a alguien y le «alegras el día» —o un momento del día—, eres capaz de convertir los encuentros rutinarios en recuerdos inolvidables.*

ESTAR PRESENTE – *Lo que une a la humanidad es el hecho de estar totalmente presentes unos con otros. Estar presente es también una estupenda manera de provocar el entusiasmo y combatir el agotamiento, ya que lo que nos agota son las actividades que hacemos con desgana y que simultaneamos con otras cosas.*

ESCOGER LA ACTITUD – *Si tu actitud es negativa, todo en tu entorno resultará negativo. Cuando aprendes que puedes elegir cómo vas a responder ante los acontecimientos de la vida, descubrirás que puedes aspirar a lo mejor y disfrutar de oportunidades que no habías imaginado jamás. Si descubres que la actitud que tienes no es la que desearías tener, escoge una nueva.*

Un año después del lanzamiento del vídeo de *FISH!*, exploramos más a fondo esas máximas en un libro al que también titulamos *FISH!* (bastante ingenioso, ¿no?). Nos inventamos una historia sobre un lugar de trabajo donde todos los empleados se sentían tan poco implicados que el resto de departamentos de la empresa calificaban su planta de «vertedero de energía tóxica». El libro era un ejemplo de cómo las lecciones aprendidas en el mercado del pescado podían aplicarse como solución a los retos organizativos típicos de cualquier empresa.

Durante los años siguientes, gracias al vídeo y al libro, la Filosofía *FISH!* se ha extendido a empresas de todo el mundo. Muchas personas empezaron a replantearse lo que podían hacer durante su jornada laboral, y la pasión, la energía, y la responsabilidad que descubrieron llevó

21

a obtener sorprendentes mejoras en los negocios. Compartieron sus inspiradoras historias con nosotros, y a través de sus experiencias, ampliamos y profundizamos nuestra comprensión de lo que era posible conseguir aplicando aquellas máximas. En este libro te ofrecemos algunas de esas historias.

Sus protagonistas no son tan diferentes de ti o de mí. Lo que les hace extraordinarios es que, un día, cada uno de ellos tomó la decisión de intentar vivir de una manera más alegre, responsable y entusiasta. Al día siguiente se mantuvieron en sus trece. Y lo mismo hicieron al día siguiente, y al otro, y al otro...

Primera parte:
JUGAR

Jugar no es sólo una actividad; es un estado mental que aporta nueva energía y despierta la creatividad.

¿Recuerdas este aviso?: «¡Venga, niños! Se acabó el recreo. Es hora de trabajar». La mayoría de nosotros aprendimos desde muy pequeños que trabajar y jugar son dos cosas distintas y además incompatibles. Sin embargo, para disfrutar de un ambiente laboral agradable, en el que los seres humanos se desarrollen, se requiere una cierta dosis de juego y desenfado. No hemos encontrado ninguna excepción a esta regla. La alternativa es lo que Ken Blanchard denomina la «epidemia de la ropa interior ceñida»; una imagen nada agradable.

Para lograr un ambiente innovador, es necesaria una dosis todavía mayor de juego. Por lo general, aunque la distancia más corta entre dos puntos sea la línea recta, tomarse al pie de la letra la famosa máxima en el contexto laboral puede limitar nuestra capacidad de hallar nuevas soluciones cuando se requieren. Tomarse la libertad de jugar, de seguir un camino sinuoso en lugar de la línea recta, expande las oportunidades creativas —así como la mente y el espíritu de las personas implicadas—. El espíritu que anima a ciertos hombres a ponerse una corbata ridícula o a reírse en voz alta sin temor a lo que piensen los demás es el mismo espíritu que les anima a considerar ideas nuevas que expanden los límites de su imaginación. La creatividad se convierte así en un juego en que un adulto puede contagiar a otro de su fantasía y hacerle partícipe de ella.

Los pescaderos de Pike Place saben que jugar estimula la creatividad. En el pasado, cuando un cliente hacía una compra, salían de detrás del mostrador, cogían el pescado, y lo llevaban de nuevo hasta su sitio donde lo pesaban, lo envolvían y lo cobraban. Ahora bien, un día, alguien hizo las cosas de manera diferente. Uno de los pescaderos cogió un salmón y lo lanzó por los aires a otro compañero. ¡Eureka! No sólo habían creado un nuevo tipo de espectáculo, sino que habían encontrado una manera de aumentar la productividad al ahorrarse un montón de paseos.

A pesar de que trabajar en un ambiente relajado aporta cuantiosos beneficios, es curioso el miedo que despierta la idea del juego en el corazón de los empresarios. Cuando uno de los ejecutivos de una gran cadena de comida rápida dijo: «¿Esperan que invitemos a 300.000 adolescentes a jugar aquí?», lo más probable es que se imaginara una verdadera batalla campal de comida.

Una razón del temor al juego puede ser que no tengamos claro lo que es jugar. Las mismas personas que se sienten irremisiblemente atraídas por la atmósfera de juego que reina en el mercado de pescado de Pike Place, suelen tener dificultades para imaginarse cómo podrían reproducir el mismo ambiente en sus lugares de trabajo. «¿Qué podemos *lanzarnos* en el trabajo?», se preguntan.

Los pescaderos conocen la respuesta.

—Existe un millón de maneras diferentes de jugar —replican—. No tiene por qué ser lanzando pescado por los aires.

Los agentes de seguros, los profesores o los ingenieros encontrarán maneras de jugar que no tengan nada que ver con las de los pescaderos. De eso se trata. Jugar no significa limitarse a un solo juguete o a un solo juego. Los juegos reflejan el sentimiento de alegría que experimentamos cuando estamos entusiasmados y nos implicamos en lo que hacemos sin temor alguno. Una reunión en la que se debaten con éxito unos presupuestos y en la que se desarrolla un trabajo serio puede resultar tan estimulante como una merienda al aire libre.

ENVÍAME TU MANUAL DE CÓMO APRENDER A JUGAR

Tres semanas antes de una convención de ventas en la que pensábamos presentar nuestra Filosofía FISH!, recibimos una petición poco usual: «Tenemos 57 sucursales que asistirán a la reunión y queremos que nuestros empleados jueguen más en el trabajo, pero ¿podrían aclararnos los objetivos del juego? O quizá podrían enviarnos un manual de cómo aprender a jugar».

Al principio pensé que se trataba de una broma. ¿Te imaginas diciéndoles a tus hijos que vayan a jugar, y que ellos respondan: «¡Perfecto! Pero, ¿cuáles son los objetivos?». En realidad, a nuestro interlocutor eso no le preocupaba. Él tan sólo quería que esa «cosa» que denominábamos «jugar» tuviera unos resultados asegurados.

¿Qué podía decirle para que lo entendiera?

—¿Qué le parece si le listo algunos puntos?» —le sugerí.

—Cualquier cosa que ayude a explicar en qué consiste eso de jugar.

Así que le envié un listado, a modo de esquema, lleno de puntos. Sin palabras, sólo con los puntos. ¡Y lo entendió! El juego no es una teoría que se pueda exponer a los empleados de 57 sucursales como si se tratara de un nuevo sistema contable. (Mi colega, Carr Hagerman, lo explica muy bien. Mientras se prepara para hacer juegos malabares con cuchillos o herramientas, dice: «Se puede jugar con un instrumento pero no se puede instrumentar el juego».)

El juego es algo que debe salir de dentro, por lo que lo único que puedes hacer es *invitar* a otros a jugar. La idea es crear nuestros objetivos entre todos trabajando en equipo. A propósito, la convención fue un éxito y a los que más les preocupaba ese «asunto del juego» fueron los más receptivos a la atmósfera de juego.

Para jugar es preciso que exista un clima de confianza. Es posible imitar superficialmente lo que hacen los pescaderos de Pike Place, pero si falta la confianza y el compromiso compartido que se necesitan para crear una atmósfera lúdica en el trabajo, es posible que no se consiga jugar.

Hubo un hospital que quería introducir más juegos en su día a día, pero el supervisor dudaba de que los empleados fueran capaces de «jugar» apropiadamente.

—Me da acceso a medicinas de cuya correcta administración depende la vida de los pacientes —comentaba una enfermera—, pero ¿no me considera lo bastante responsable como para jugar?

Las ganas de jugar difícilmente prosperarán en ambientes donde las personas dedican más tiempo a intentar *no* hacer nada mal que a explorar maneras de hacer las cosas mejor. En esos entornos es posible que la gente juegue, pero lo hará en secreto o como forma de rebelión. (¡Corre, que viene el jefe! ¡Saca su foto del tablero de los dardos!)

Por el contrario, en puestos laborales donde se respira una atmósfera saludable, donde la gente es libre de apasionarse con su trabajo y ser responsable ante los compañeros, los juegos suceden de manera espontánea. Cuando aparecen en un contexto de «estar presente», «alegrar el día a otros» y «escoger tu actitud», los juegos *sí* serán apropiados y productivos.

La historia que vamos a relatar seguidamente trata de una invitación al juego que trajo nuevos aires a un ambiente laboral necesitado de un poco más de vida. Cuando los empresarios y los empleados crearon un clima de confianza y responsabilidad, la gente se sintió libre para jugar levantando así su ánimo y mejorando el negocio.

Una empresa que lo pasa bien creando conexiones: Sprint Global Connection Services

A simple vista se diría que se trata de un día como otro cualquiera en el centro de llamadas y atención al cliente de Sprint Global Connection Services en Lenexa, Kansas; sin embargo, los telefonistas están conmocionados. Se rumorea que alguien ha visto a un Elvis en el aparcamiento.

Y así es. Una limusina se detiene delante de los ventanales del edificio. ¡Aaaaaaahhhh! (pausa para respirar) ¡Aaaaaaahhh! ¡Es el *Rey*! De repente dos fans de Elvis, con faldas de vuelo ceñidas a la cintura, calcetines cortos y un tupé del tamaño de Graceland, se abalanzan sobre el *Rey* y una de ellas se abraza a sus tobillos.

Dentro del centro los telefonistas, hombres y mujeres adultos, se emocionan tanto al ver a «Elvis», que lloran... de risa. «Elvis» recuerda sospechosamente a Don Freeman, el director del centro de llamadas de Sprint en Phoenix, y una de las fervientes admiradoras guarda un enorme parecido con Mary Hogan, la directora del centro de llamadas de Lenexa.

Lori Lockhart, directora de Sprint Global Connection Services, no da crédito a sus ojos. Hace unos años, ¿quién se hubiera imaginado a los directores —y cabezas visibles de la empresa— asistiendo a una reunión vestidos de esa guisa?

Sin embargo, los telefonistas del centro de atención al cliente lo están pasando de maravilla y aunque al otro lado de la línea sus clientes no saben lo que ocurre, perciben el entusiasmo y la energía en las voces de sus interlocutores.

Al entrar Elvis en el edificio, se escucha la letra de una de sus canciones, *You ain't nothing but a hound dog!*, por los altavoces. Lori teme que a Don—quiero decir, Elvis— le dé por cantar. Sin embargo, Don decide limitarse a hacer *playback*. Una vez que se ha ido, lo único que se le ocurre decir a Lori, con su voz cansina, es: «Gracias, muchas gracias».

ESTAR EN SINTONÍA
Sprint Global Connection Services es una operadora de telefonía que ofrece a sus clientes conexión en las llamadas a larga distancia desde cualquier parte del mundo. Más de 1.000 empleados que trabajan en siete centros distribui-

dos por el país —como sociedad empresarial, Sprint cuenta con más de 80.000 empleados— suministran una variedad de servicios que incluye asistencia por operador, información, tarjetas telefónicas, tarjetas telefónicas de prepago, un servicio de atención al usuario de tarjetas telefónicas de prepago e información sobre números de teléfonos.

Cinco años antes, a Lori Lockhart no le preocupaba que Elvis abandonara el edificio; lo que le preocupaba era que se marcharan los empleados. «La facturación se estaba convirtiendo en un reto importante para nuestro sector, y el negocio de llamadas de larga distancia es muy competitivo —afirma—. Éramos conscientes de que si no creábamos una atmósfera laboral donde la gente se sintiera a gusto, acabarían marchándose a otra parte.»

A primera vista, *excitante* no es la primera palabra que le viene a uno en mente cuando quiere describir los deberes de los empleados que trabajan en los centros de atención de llamadas. Muchos lo ven como un primer trabajo. Los telefonistas atienden entre 500 y 800 llamadas diarias, cada una con un promedio de duración de entre 30 y 35 segundos. La mayor parte de la información necesaria para pasar las llamadas se encuentra disponible en la pantalla del ordenador que tienen delante. «La gente aprende el trabajo a tanta velocidad que casi podrían hacerlo con los ojos cerrados —dice Mary—. Es frecuente que se reciban un montón de llamadas iguales y si te descuidas, acabas aburrido.»

¿Qué se puede hacer para ayudar a los empleados a mantenerse concentrados mientras atienden 800 llamadas diarias? En 1977, Sprint pensó que la respuesta consistía en crear un montón de normas. «En los ambientes laborales competitivos y donde prima la presión, en lugar de dejar que la gente haga su trabajo, se tiende a aumentar el control», explica Lori.

Sprint estableció normas sobre la indumentaria de sus empleados. «Nadie se imagina el número de horas que dedicamos a definir el código sobre la indumentaria —explica Mary—. ¿Qué longitud mínima debía tener una minifalda? ¿Deberían llevar medias las mujeres? Los tejanos podrían ser de cualquier color, excepto azul.»

Sprint aplicó también reglas sobre la lectura. «Sabíamos que los empleados podían leer lo que quisieran mientras ocupaban su puesto, sin que eso afectara el rendimiento ni la calidad de su trabajo —prosigue Mary—. Pero únicamente se les permitía leer material publicado por Sprint. ¿Y qué pasaba? Que la gente tenía una publicación de la empresa encima de la mesa pero dentro escondía una revista de deportes o del corazón».

Sprint llegó incluso a dictar reglas sobre la correcta manera de sentarse. «Trabajo ergonómico y todo eso...», recalca Mary.

—Acabamos sintiéndonos policías —explica Lori—. En lugar de buscar maneras de mejorar el negocio, nos pasábamos el día yendo de un lado para otro vigilando al personal.

Cuanto más presionaban los jefes, mayor era la resistencia de los empleados. Según Lori: «Las reuniones con los empleados se resumían en buscar defectos a todo. *¿Por qué no puedo poner los pies en el banco? ¿Por qué no puedo llevar tejanos los martes en vez de los viernes?* Los telefonistas estaban molestos conmigo por cosas que en su opinión hacían más estresante el ambiente laboral».

Los jefes también se sentían muy estresados. «Llevábamos mucho tiempo funcionando así —explica Mary, cuya experiencia en este negocio se remonta a 1964—. Sabíamos que necesitábamos un cambio pero no sabíamos cómo hacerlo.»

En otoño de 1997, Lori y los jefes del centro de llamadas asistieron a una conferencia organizada por la ejecutiva de Sprint. El presidente les conminó a que exploraran las «posibilidades» de cada empleado. «Hasta entonces habíamos buscado las razones por las que la gente no hacía su trabajo —explica Lori—. ¿Y si en vez de hacer eso intentábamos explorar su potencial?»

También escucharon a una portavoz de Southwest Airlines que les habló de la estrategia de libertad, trabajo en equipo y respeto individual hacia los empleados que les había dado fama. A los cinco minutos de haber empezado el discurso, la portavoz hizo una interrupción: «¡Oh, no! Les ruego que me disculpen. He olvidado algo».

Rápidamente se escondió detrás del podio. Reapareció llevando puesto un sombrero inflable en forma de avión, que no se quitó hasta finalizar el discurso. En cuestión de segundos Lori, Mary y el resto de los jefes entendieron su mensaje: era hora de relajarse.

ACTO DE FE

Lori y su equipo empezaron a imaginar cómo sería un puesto de trabajo donde los empleados pudieran compaginar el trabajo intenso y la diversión.

Como resultado de sus deliberaciones surgió una declaración de principios que recopilaba sus aspiraciones:

Nos sentimos orgullosos de ser una comunidad que brinda apoyo a sus empleados y cuenta con una atmósfera laboral de intercambio mutuo de opiniones, que abarca el cambio, la diversidad de valores y que aprende de sus experiencias. Desarrollamos ideas creativas e innovadoras, que añaden valor a los clientes, empleados y accionistas de Sprint. Alcanzamos los objetivos que nos proponemos porque somos responsables de nuestras contribuciones a Sprint. Deseamos compartir nuestro triunfo y celebrar nuestros logros.

Sabían que el cambio no se produciría de la noche a la mañana, ni seguramente al cabo de un año; sería un viaje que duraría de tres a cinco años.

—No mencionamos nada de esto a los jefazos —comenta Lori—. Íbamos a seguir adelante porque teníamos muy claro que era la decisión correcta. Pero confieso que sentí miedo. ¿Funcionaría? Bien, eso no lo sabríamos hasta que viéramos los resultados.

Los demás también lo sentían. «Habíamos prometido que nos cogeríamos de las manos y saltaríamos todos juntos al vacío —recuerda Lori—. Hacía falta un acto de fe en lo que íbamos a hacer para cambiar nuestra manera de funcionar.»

El equipo se puso en marcha en 1998 anunciando un cambio en el código de indumentaria: «Cada cual puede vestir como guste, pero eviten prendas que supongan cualquier tipo de riesgo». Además, se dio permiso a los telefonistas para leer lo que quisieran mientras ocupaban su puesto.

—En el pasado los empleados se quejaban de que les tratábamos como si fueran niños. Nuestro propósito fue crear un ambiente laboral adulto —aclara Mary—. Todo el mundo sabe que es responsable de atender a los clientes y también que si no es capaz de hacer más de una cosa a la vez, leer es la primera opción a desechar. Ahora bien, la mayoría de los empleados son capaces de hacer varias cosas a la vez, y eso les mantiene distraídos durante una larga jornada y hacen mejor su trabajo.

Los empleados estaban más contentos pero Mary seguía teniendo dificultades para encontrar gente dispuesta a trabajar los fines de semana y de noche en el centro de llamadas de Lenexa, situado en un barrio periférico de la ciudad de Kansas, y en un centro satélite que dirigía en la ciudad de Kansas.

—Muchos empleados cogían la baja por enfermedad en aquella época, —recuerda Mary—. En consecuencia teníamos dificultades para alcanzar los objetivos que nos habíamos propuesto en cuanto al nivel de servicio y que se medían por la rapidez con la que se contestaban las llamadas.

Sprint lanzó una campaña de verano a la que bautizó con el nombre genérico de «MASH: Método de Ataque al Servicio Hostil», acrónimo que evocaba la famosa serie de los años 70 y 80 sobre un hospital militar norteamericano durante la guerra de Corea. Además, Mary y los supervisores decoraron los centros y los convirtieron en unidades MASH. Acudían al trabajo con camisas de color caqui e incentivaban las horas extras ofreciendo bonos canjeables por regalos especiales. Las hojas de registro de horas extras se hallaban ahora pegadas a bolsas para transfusiones sanguíneas que colgaban del techo. Los supervisores enviaban chocolatinas a los telefonistas con un jeep de juguete dirigido por control remoto y organizaban concursos improvisados.

Los empleados volvieron a sonreír de nuevo y los centros que atendían las llamadas alcanzaron los objetivos perseguidos. «Supimos que íbamos por buen camino cuando los empleados empezaron a enviarnos notas de agradecimiento —explica Mary—. En ellas hacían comentarios como: "Nunca habría imaginado, después de tantos años, que la empresa se tomaría tantas molestias para que lo pasemos bien mientras trabajamos. Gracias y continúen así". Yo creo que sabíamos, intuitivamente, lo que teníamos que hacer, pero nos faltaba el coraje para hacerlo. Esas notas nos lo dieron».

JUGAR CON UN PROPÓSITO

Cuando Lori y Mary vieron el vídeo de aprendizaje de *FISH!* en 1998, se miraron la una a la otra y dijeron casi al unísono: «¡Somos nosotros!» En un trabajo que podía fácilmente convertirse en predecible y repetitivo, los trabajadores del mercado de pescado de Pike Place habían decidido transformarlo en una actividad entretenida y siempre sorprendente. Bromeaban con los clientes y los miraban con picardía, como diciendo: «Venga, bromea tú también conmigo». Todos los pescaderos se comportaban como si fueran los dueños del puesto. Aunque trabajaban en equipo, individualmente no esperaban a que nadie les dijera lo que tenían que hacer. Constantemente probaban nuevas estrategias para atraer a los clientes.

Cuando los pescaderos jugaban, lo hacían con un propósito. Tan pronto cogían una cabeza de pescado y la acercaban a un cliente a modo de broma, como se concentraban al cien por cien cuando tenían que atender un pedido importante. El día les pasaba volando y vendían toneladas de pescado.

Si Lori y su equipo hubieran puesto en práctica la Filosofía FISH! unos años antes, es posible que los empleados se hubieran echado a reír y nos hubieran dicho: «Bien, ¿qué será lo próximo?» «Todo el mundo habría pensado que se trataba de otra moda pasajera —dice la supervisora Donna Jenkins—. Pero, ahora las cosas están cambiando. Con cada cambio que introducimos, y mantenemos, ha crecido su confianza en la directiva.»

Primero, los centros de llamadas se inspiraron en *FISH!* para su decoración. Los telefonistas colgaron carteles que contenían las nuevas máximas por todas partes y los supervisores llevaban chalecos de pesca para recordar a todo el mundo el nuevo compromiso del equipo.

Pero lo más importante es que incorporaron las máximas al día a día. «Compramos muchas sartas de pescados de plástico y las repartimos entre los empleados —recuerda Mary—. Cada vez que los supervisores observaban a un empleado hablando por teléfono con un cliente, y concentrándose en lo que éste le decía, le premiaban entregándole un pez hecho con papel de colores. Pensamos que era importante que los supervisores escribieran en el pez de papel exactamente lo que habían visto hacer al empleado para reforzar así su comportamiento.

»Al final de cada trimestre, celebrábamos un torneo de pesca. Introducíamos todos los peces de papel con los nombres de los empleados en una pecera. Quien saliese elegido tenía que pescar su premio con una caña que tenía un imán como cebo. A la gente le encantaba y mejoraban en su trabajo».

«¡SEÑOR, ESA LLAMADA ES GRATIS!»

Los centros incorporaron las cuatro máximas en las reuniones que celebraban regularmente. «Cuando queremos agradecer un gran servicio a un empleado, le adjudicamos una Historia de FISH! —explica Lori—. Pero si el cliente no ha quedado satisfecho con el servicio, nos referimos a lo sucedido como "El pez que se escapó"».

Los empleados buscan maneras de dar un toque de distensión a las relaciones con los clientes. «Uno de nuestros operadores atendió la llamada de un cliente que quería saber qué debía hacer para llamar a un número gratuito a cobro revertido —explica Don—. Y la respuesta del operador fue: "Señor, hoy vamos a obsequiarle con esa llamada gratis"».

Los empleados se esfuerzan por alegrar el día a los clientes, incluso cuando éstos llaman con problemas. «Contamos con un sistema bastante automatizado —explica Mary— y cuando un equipo no funciona bien, está diseñado para desviar la llamada a nuestros operadores. A veces, los clientes nos llaman muy descontentos.»

Cuando eso sucede, dice la operadora Rhonda Lynch: «Lo más importante es el tono de voz. No se trata de transmitir una falsa amabilidad, sino de decirle sinceramente al cliente que lamentas que tenga un problema y que intentarás hacer lo que esté en tu mano para ayudarle».

Si con eso no basta, los operadores de Sprint eligen mostrarse optimistas. «A veces los clientes están tan enfadados que les da igual lo amable que te muestres —explica la operadora Marcia Leibold—. Pero yo no dejo que me influyan. Hago todo lo que puedo por ayudarles y antes de colgar acaban deseándome que pase un buen día.

»Recibimos llamadas de personas que se sienten solas. Por lo general suelen ser gente mayor y, por la manera de hablar, es de suponer que no tienen familia. Mientras desvío la llamada, tratan de empezar una conversación. Desde la perspectiva de la empresa debo atender otra llamada, pero les dejo hablar un poco e intento decir algo positivo para que vean que alguien se preocupa por ellos.»

Y los empleados encontraron una manera de estar presentes en cada una de las cientos de llamadas que reciben al día. «Es verdad que hay días en los que todas las llamadas suenan igual —dice Lori—, hasta que recibes la llamada de alguien que intenta hablar con su abuela que está enferma o la del viajante que echa de menos a su mujer y a sus hijos.»

También hay llamadas que son un asunto de vida o muerte. «Atendí la llamada de una anciana que se había caído y no podía moverse —recuerda Rhonda—. No sé cómo se puso en contacto con nosotros pero no podía llamar al teléfono de emergencias ni decirnos dónde estaba. Otra operadora y yo pasamos 30 minutos haciendo llamadas de larga distancia a la policía y a los bomberos de su zona, que me parece que era Nueva York. Mientras mi compañera intentaba calmarla charlando con ella, yo me ocupaba de las llamadas. Finalmente conseguimos adivinar dónde se encontraba. La policía tuvo que derribar la puerta para entrar en su casa.

»Sabía que habíamos ayudado a salvar la vida de aquella mujer. Aquella noche cuando volví a casa, tuve la certeza de que mi trabajo valía la pena.»

UNA SONRISA POR TELÉFONO

En el centro de Lenexa, Mary y sus supervisores seguían buscando maneras de aumentar el número de operadores dispuestos a trabajar los viernes y sábados por la noche. «Muchos de nuestros empleados tienen entre 18 y 24 años —dice Mary—. Son los últimos que han entrado y por eso les toca hacer las horas que nadie quiere. A veces nos preguntamos: ¿Por qué no iban a querer pasar aquí las noches del fin de semana? Pues es lógico. Lo que quieren es salir por ahí a divertirse como hace todo el mundo.»

Mary decidió retirar su estéreo del despacho e instalarlo en el centro de llamadas. «El centro es tan grande que tuvimos que aumentar el volumen de los altavoces —comenta riendo—. Al principio nadie quería sentarse delante.» Sin embargo, los empleados no tardaron en saltar de la silla y bailar al ritmo de la música mientras procesaban las llamadas. «Antes, si atendías una llamada desagradable, no tenías manera de borrarla de la cabeza —explica el operador James White—. Lo intentabas, pero tardabas un rato en quitarte el mal sabor de boca. La música te da la oportunidad de concentrarte en otra cosa durante unos segundos y así luego puedes atender la siguiente llamada y ofrecer a esa persona lo mejor de ti mismo.»

El equipo de Mary vigiló rigurosamente las llamadas durante las primeras semanas. «Nos preocupaba lo que pudieran pensar los clientes de la música de fondo —dice—. Pero cuando escuchábamos, oíamos cómo los empleados y los clientes se reían juntos.»

El centro de Lenexa sólo recibió la queja de una mujer que llamó un viernes por la noche y en el transcurso de la llamada, dijo: «¿Qué pasa? ¿No estarán celebrando una fiesta? ¡Póngame con su supervisor!»

El supervisor se puso al teléfono.

—¿Qué está pasando? —preguntó la mujer recelosa—. Parece como si hubiera una fiesta.

—Sí, señora, más o menos así es —contestó el supervisor—. Estamos intentando crear una atmósfera agradable para que nuestros operadores quieran trabajar los viernes y los sábados por la noche y podamos atender a clientes como usted. Le pido disculpas si no le gusta la música, pero nos preocupan nuestros empleados y por eso queremos ofrecerles un ambiente distendido.

—¿Se burla de mí? —contestó la mujer—. ¿Tanto se interesan por los empleados?

La mujer guardó silencio por un momento. «Eso es un bonito gesto», añadió.

¿Y SI NO FUNCIONA?

—Si hace dos años Sprint hubiera recibido una queja de tales características —explica Mary—, nos habríamos deshecho en disculpas y habríamos abandonado el proyecto. ¡Qué digo! Probablemente lo habríamos abandonado con una sola queja *interna*.

Sin embargo, parte de la nueva declaración de propósitos de Sprint consistía en «aprender de nuestras experiencias», lo que significa correr riesgos. «En el pasado, cuando hablábamos de intentar algo nuevo, la gente decía: "Si no funciona, nos quedaremos ahí atascados para siempre" —explica Mary—. No queríamos hacer nada que pudiera salir mal, de manera que no movíamos un dedo».

»Pero llegó un momento en el que dijimos: "Venga, tenemos que hacer algo. Debemos probar. No sabemos si resultará o no pero si existe alguna manera de mejorar nuestro funcionamiento, al menos intentémoslo.

Mary apareció un día cargada con una caja de cartón llena de discos, pelotas de espuma y muñecos blandos para que la gente pudiera lanzarlos por los aires. «Corríamos un riesgo real. ¿Y si alguien resultaba herido con alguno de los objetos que los empleados se lanzaban? Habría que indemnizarlo. Entonces pensamos que habíamos delimitado muy bien las responsabilidades. "Los empleados saben que tienen que hacer su trabajo. ¿Por qué no confiar en ellos? Si no funciona, lo peor que puede pasar es que tengamos que cambiar de táctica".

»Ahora los empleados juegan de vez en cuando a lanzarse cosas y, durante el turno de noche, los más jóvenes juegan con la pelota de espuma para mantenerse bien despiertos. En tres años no hemos tenido ni un solo problema. A veces, los muchachos se descontrolan un poco de madrugada, pero se calman fácilmente.

Lo mismo pasó cuando Mary instaló una pantalla gigante de TV en el centro de Lenexa.

—Tuvo mucha aceptación entre los aficionados al fútbol y al baloncesto que trabajan los fines de semana. El primer fin de semana que la televisión estuvo en marcha, uno de los operadores trajo un vídeo.

»El lunes por la mañana cuando llegué al trabajo y abrí el correo electrónico, leí el siguiente mensaje: "Mary, tenemos un problema. Hemos visto una película que contenía una escena inapropiada para el centro y ahora, ¡ya no podemos seguir viendo vídeos!". Me eché a reír y contesté: "¡Qué le vamos a hacer! Ahora tendremos que ver películas".

»Para crear una atmósfera laboral positiva

no basta con eliminar cosas. Se trata de aprender algo todos los días y encontrar soluciones que ayuden a la gente a disfrutar de una filosofía laboral más estimulante.»

Ahora, la música ocupa un papel muy importante en nuestra filosofía. «Decimos que, en lugar de música ambiental, queríamos música optimista. Pero todos tenemos gustos distintos, compramos un montón de CD de casi todos los estilos, y le dijimos a los empleados: "Pondremos la música que os gusta, pero también vamos a poner la música que le gusta *a los demás*. De esta manera, disfrutaremos todos". Fue una buena manera de enseñarles a respetar la diversidad.»

RUMORES

Cuando Sprint seguía una política interna más conservadora, los centros de llamadas hacían esfuerzos ocasionales para que sus empleados lo pasaran bien. «Enviábamos un comunicado formal anunciando: "¡Atención! ¡Nos espera algo divertido! ¡ El próximo viernes a la una de la tarde nos vamos a divertir" —explica Lori—. Por supuesto, el mensaje era que el resto del tiempo sucedía justo lo contrario.»

Nadie podía predecir lo que sucedería en los centros de llamadas de Sprint, en particular los viernes y los sábados por la noche. Y los jefes y los supervisores decidieron explorar nuevas iniciativas. Un 31 de diciembre, Mary apareció disfrazada de bebé. A veces sacaba a los agentes a bailar *Los Pajaritos* o *La Macarena*. «Si los clientes hubiesen visto las cosas raras que hacíamos mientras atendíamos las llamadas, no se lo habrían creído —prosigue Lori—. Por otro lado, seguramente, la mayoría se habría apuntado.» (*Los Pajaritos* perecieron de muerte natural. La gente se cansó de ellos. Quizá es hora de resucitarlo, dice Mary con un guiño.)

—Todas las semanas corría un nuevo rumor —explica Lori—. Los empleados más jóvenes comentaban a sus compañeros: «Tienes que trabajar este fin de semana, porque va a ser la bomba».

Un fin de semana Mary colgó del techo una pequeña bola de espejos de discoteca. Durante el fin de semana, los operadores atendieron sus llamadas al ritmo de los éxitos de los Bee Gees y KC and the Sunshine Band, y bailando *hustle*. Su iniciativa tuvo tanto éxito que Mary instaló dos bolas más grandes. «No giraban todo el tiempo —explica Mary—. Pero si nos encontrábamos un poco aletargados, apagábamos las luces y poníamos la música.»

Algunas veces los empleados jugaban al bingo mientras trabajaban, y los supervisores se ocupaban de repartir y recoger los cartones y escribir los números en una pizarra. «Cuando alguien canta bingo, puede descansar 15 minutos mientras uno de los supervisores se encarga de atender sus llamadas —dice Mary—. Y así de paso los supervisores no pierden sus habilidades atendiendo llamadas.»

En el centro de llamadas de Jacksonville, Florida, una de las supervisoras creó un personaje al que llamó «Día Maravilloso». Por lo menos una vez al mes acudía al puesto de trabajo de cada operador, vestida de manera estrafalaria y les saludaba con un estridente «¡Hooooolaaaa!». El Cuatro de Julio, «Día Maravilloso» apareció con un traje de lentejuelas azul, con un ribete rojo y varias banderitas colgadas del sombrero.

Toda esta actividad, a veces, ponía nerviosa a la dirección. Una noche, alrededor de las diez, en el centro de Phoenix había tanta algarabía que Don Freeman temió que los clientes la escucharan. «Decidí controlar todas las llamadas desde mi despacho —cuenta—. Escuché una tras otra y acabé con la carne de gallina.

»No escuché ningún ruido de fondo. Ni tampoco oí las voces monótonas y aburridas de los operadores repitiendo: "Sprintenquépuedoayudarle". Lo que oía eran voces vibrantes y enérgicas que decían: "Sprint: ¿en *qué* puedo ayudarle?". Fue tan impresionante que abandoné el despacho y volví con los demás.»

Don empezó a hacer apariciones regulares disfrazado de Elvis y con una guitarra, y sus empleados le pidieron que no abandonara su puesto de día. Además, redecoró el centro de Phoenix para atraer a los estudiantes del Estado de Arizona que constituían gran parte de su mano de obra, y lo transformó en una gran café, con sillones, mesas de billar y acceso a Internet de alta velocidad. «Muchos de los estudiantes llegan antes de su hora sólo para pasar el rato», explica Don.

¿Qué hubiera pasado en los centros de llamadas de Sprint si la ejecutiva hubiera invitado a jugar a sus empleados, pero no hubiera jugado con ellos? «Habríamos probado pero no habríamos dejado de mirar por encima del hombro, preguntándonos: "¿Volveremos a lo de antes?" —explica Rhonda—. Hay veces que estamos tan ocupados que no hay tiempo para jugar pero sabemos que es algo que nadie nos va a quitar».

«¡ME ALEGRA SABER QUE ERES HUMANO!»

Parte de la atmósfera adulta que se respiraba en los centros de llamadas de Sprint se conseguía gracias al hecho de ofrecer oportunidades a la gente. Eso suponía dar a los empleados la oportunidad de *no* jugar. «A veces, los operadores tienen dolor de cabeza, no les gusta la música o prefieren estudiar mientras contestan las llamadas —explica Mary—. Hemos acondicionado una sala, donde no hay música ni actividades.» Los empleados pueden ir libremente de una sala a la otra, tantas veces como deseen.

—Hay personas que opinan que trabajar en serio está reñido con pasarlo bien. Es posible que sea algo generacional o que tenga que ver con la manera en que les educaron. Otros opinan que es una idea fantástica —dice Lori—. Lo mejor de todo es que no se limita a participar en juegos o escuchar música. Hay quien se distrae haciendo una prenda de punto para un nieto o el hijo de un vecino o dibujando lo que más les gusta. No importa lo que sea, siempre y cuando te aporte una alegría que puedas transmitir al cliente.

»Y cuando los supervisores escuchan una llamada perfecta, corren junto al operador y hacen alguna gansada a modo de reconocimiento. Al ver esto, los compañeros celebran el éxito mutuo sin dejar de atender las llamadas, sonrientes, mientras hablan con el cliente.

La idea es ser uno mismo mientras prestas el servicio. Todos los centros de llamadas realizan mensualmente encuestas de calidad para comprobar si los operadores atienden a los clientes según las expectativas. «Teníamos un formulario con docenas de preguntas del tipo: "¿Cuántas veces has dicho *por favor* y cuántas *gracias?*" —explica Mary—. Si no decían *gracias* un número determinado de veces, les restábamos puntos. Eso molestaba mucho a los empleados. Decían que éramos quisquillosos.»

Sprint tenía interés en conocer la opinión de los operadores sobre qué elementos componían una llamada perfecta y actualizamos la encuesta. «Insistimos mucho en que nuestros empleados sean amables —dice Mary—, pero ahora, en vez de exigir respuestas automáticas que no siempre son adecuadas, ponemos énfasis en crear oportunidades para que jueguen y estén presentes.»

Durante este proceso, Sprint reemplazó la monotonía del trabajo propio de un robot por la autenticidad y la individualidad. «A veces no podemos contener la risa por alguna tontería, por ejemplo al ver a Mary paseándose muy seria con una nariz de cerdito —cuenta Marcia—, y el cliente nos dice: ¡Me alegra saber que eres humano!»

MAMÁ, ¿POR QUÉ ESTÁS TAN ALEGRE?

Un día, durante la conferencia anual de la ejecutiva de Sprint, Lori Lockhart tuvo una revelación. Lo estaba pasando bien. Había elegido un disfraz de pez para asistir a la conferencia. Había bailado con Elvis y sus admiradoras. «Por fin me encontraba a gusto siendo yo misma —explica—. Me sentía más relajada y segura de mi capacidad de liderazgo. Y me divertía viendo los resultados.»

Entonces se le ocurrió una idea. «Estoy viviendo la Filosofía FISH! en el trabajo —pensó—. ¿Y si pruebo a hacer lo mismo en casa con mi familia?

De vuelta a casa por la noche, Lori decidió jugar y pasarlo bien, en lugar de dejarse vencer por el cansancio, el estrés y la irritabilidad. «Mis hijas detectaron el cambio inmediatamente. "Mamá —preguntaron— ¿por qué estás tan alegre?"

»Les contesté: "Es mi nuevo yo. Voy a intentar con todas mis fuerzas ser una mamá mejor y ser más divertida". Me contestaron que antes pensaban que era fabulosa, pero que ahora ¡era la mejor mamá del universo!»

A la mañana siguiente (esta parte del día siempre estaba cargada de tensión, a veces de lágrimas, y de lucha constante contra el reloj) Lori procuró empezar el día con buen humor y jugar mientras se preparaba para ir a trabajar. Al bajarse del coche y despedirse de ella como hacían todas las mañanas, dijeron con cara sonriente: «Mamá, hoy será un gran día y lo vamos a pasar muy bien».

—Aquellas palabras me alegraron el día —explica Lori—. Desde entonces procuramos no dar importancia a las cosas insignificantes. El otro día me dijo Patrick, mi marido, que iba a empezar a escoger su actitud y a bailar mientras pasaba el aspirador. «Genial, cariño. Adelante».

CREAR SENTIDO DE PERTENENCIA ESTIMULANDO LA CREATIVIDAD

Los centros de llamadas de Sprint siempre han mantenido una política de puertas abiertas. «Pero las puertas no siempre se abrían de par en par —recuerda la operadora Rhonda Lynch, riendo. Las puertas sólo se abrían... hasta cierto punto», dijo haciendo un gesto con sus dedos pulgar e índice.

Hoy, los empleados toman parte activa en la planificación de los centros de llamadas. «Decidimos que antes de llevar a cabo ningún gran cambio, haríamos los deberes e incluiríamos a los operadores en las reuniones», explica Mary. Todos los centros de llamadas han tenido muy en cuenta las reacciones de los empleados a sus propuestas. Lori creó incluso su propia página web en Internet para conocer la reacción del personal. «Pido por favor a la gente que me diga si hago algo que no está de acuerdo con nuestra filosofía.» A veces la reacción es muy directa, como en el caso de un operador que le pidió que se comunicara de manera más clara y concisa. «No me molesta. Para cambiar una cosa, primero tienes que ser consciente de ella.»

Los empleados también desempeñan un papel importante a la hora de identificar maneras de mejorar el rendimiento. «Hace tres años jamás habría invitado a un operador a que presentara una idea nueva para mejorar el negocio —dice Lori—. Ahora me reúno constantemente con los distintos equipos y me presentan propuestas para mejorar la eficacia del servicio de llamadas o la satisfacción de los clientes. Algunas propuestas nos han ahorrado muchos miles de dólares.»

En Phoenix, Don Freeman invita a los empleados regularmente a ponerse en la piel de los «miembros de la junta de Sprint» y decirle qué aspectos, en su opinión, se deberían mejorar en los centros de llamadas.

El liderazgo se ha transformado en una filosofía basada en la gestión transparente de la empresa. «Hablo con los empleados de los retos que me desvelan por la noche —comenta Lori—. Discutimos los presupuestos, los objetivos de coste por unidad, los retos de las ganancias y la competitividad.»

Lori cree que hace unos años los empleados no habrían cooperado. «Ahora hay mucho más interés, en todas las esferas de la empresa, por saber cómo funciona globalmente la métrica del trabajo: el aspecto financiero, la satisfacción del cliente y el rendimiento de los empleados. Han comprendido que su trabajo diario contribuye a la marcha del negocio.»

Durante el proceso, los empleados de Sprint dieron rienda suelta a un caudal no explorado de creatividad por medio del juego con ideas. «Mucha gente ignora que posee esa habilidad —dice Mary—, pero cuando descubren que no hay límites, que queremos que se aporten ideas con nosotros, se sorprendería de las cosas que se les ocurren. Personas que nunca hubiera calificado de creativas han tenido ideas brillantes, de las cuales hasta ellas mismas se sorprendieron.»

Y cuanto más estrecha es la colaboración entre la dirección y los empleados, más rápido caen las barreras entre ellos.

—Todo esto aumenta la confianza de la gente que piensa: «Si le comento algo a Lori, Mary o a uno de los supervisores, sé que me escucharán y harán algo; y si no pueden hacer nada, me dirán el porqué» —explica Lory.

—Como supervisoras, nos esforzamos mucho para estar presentes con todos y cada uno de los empleados —añade Donna Jenkins.

—Somos como una familia —comenta la operadora Marcia Leibol—. Me siento más vinculada que nunca con los jefes.

La confianza será la clave del futuro. «Hay tantos cambios en marcha —cuenta Mary—. Lo que ocurría antes era que cada vez que queríamos introducir un cambio, teníamos que poner en marcha una maquinaria de gestión excesivamente lenta, y los empleados acababan siendo los que más padecían ante los lentos ciclos de cambio. Ahora no hay tiempo para ciclos tan largos. Cuanto más crece la confianza de los empleados, más seguros se sienten con respecto a los cambios rápidos que necesitamos llevar a cabo.

En octubre de 1999, Sprint y MCI World-Com iniciaron las conversaciones previas a su fusión. «El día del anuncio oficial, la directiva se reunió con los empleados para ver la noticia en nuestra pantalla gigante de TV —recuerda Mary—. Hablamos a fondo de lo que pasaba con la gente.»

Los planes de fusión finalmente fracasaron pero lo que más impresionó a Mary fue la reacción de los empleados. «Si esto hubiera sucedido unos años atrás, habría provocado mucho temor. Sin embargo, gracias a la confianza que habíamos labrado, la gente reaccionó con una tranquilidad que me dejó atónita.»

UNA RESPUESTA EN LUGAR DE UN «¡HUMMM...!»

La primera visita de Gary Owens, vicepresidente del servicio de operaciones de Sprint, al centro de llamadas de Lenexa, después de que Mary hubiera instalado las bolas de espejos de discoteca, los altavoces y una gran pantalla de TV, se desarrolló del siguiente modo. Unos instantes antes de entrar en el edificio, Mary se detuvo un momento para prevenirle: «Mira, Gary, voy a anticiparte algunos de los cambios que hemos hecho para que no te dé un síncope». Una vez dentro, mientras visitaba el edificio, todo lo que dijo fue: «¡Humm...! ¡Hummm...! ¡Hummm...!»

Mary le enseñó las cifras del centro de llamadas. Los resultados mostraban que se habían alcanzado o superado los objetivos previstos, desde la retención de plantilla a los niveles de servicio, productividad, satisfacción del cliente, etcétera. «Si me hubieras pedido mi parecer sobre la conveniencia de instalar bolas de discoteca, habría contestado: "Ni hablar" —le dijo a Mary meses después—. Pero no se puede discutir el éxito.

En reconocimiento de su éxito, Gary aprobó el enfoque y lo aplicó a toda la organización, utilizando al equipo de Lori como parámetro interno. Gary sustituyó también la máxima en que se había inspirado la empresa hasta entonces por otra: *Nos divertimos trabajando a la vez que ofrecemos al cliente el mejor servicio en lo que a la comunicación se refiere.*

Las cifras presentadas por todos los Sprint Global Connection Services mejoraron de manera espectacular. El primer año, estaba previsto un aumento del 25 por ciento respecto a la tasa de retención de plantilla y se sobrepasó. Desde entonces, la cifra se ha mantenido.

—Se han dado casos de empleados que recibieron ofertas para ocupar puestos mejor remunerados dentro de Sprint y que los rechazaron porque les gustaba más el ambiente que habíamos creado —dice Mary.

La productividad de los centros de llamadas, que ya era elevada, se incrementó otro 20 por ciento entre 1997 y 2001. Los centros de llamadas de Sprint recibieron varios premios concedidos en reconocimiento a la satisfacción obtenida por los clientes. Todos los años la empresa se propone metas más difíciles. «Las alcanzamos todas —explica Mary.»

Sin embargo, para Mary existía otra manera de calibrar el éxito. «Antes, cuando me paseaba por los pasillos, oía pequeñas quejas aquí y allá, y veía personas con el ceño fruncido. Cuando llevas un tiempo viendo y oyendo lo mismo, creas una especie de filtro y no le prestas la atención que deberías.

»Pero a medida que cambiaba nuestra filosofía, la gente se mostraba más contenta, optimista y relajada. Ahora, cuando paseo por los pasillos y veo a alguien con el ceño fruncido o percibo la más mínima señal de queja o problema, mi radar se activa rápidamente. Ya no es algo normal y abordo el tema inmediatamente, sabiendo que eso ayudará a mejorar el ambiente laboral.»

PRACTICAR LA FILOSOFÍA
Mary Hogan solía ir cargada de carpetas. Ahora ha sustituido los papeles por una bolsa llena de accesorios. «Todas las mañanas cuando voy a trabajar, siento como si fuera a subir a un escenario —dice—. No se sabe si apareceré con unas vistosas zapatillas en forma de cerdito o de gati-

to, si pondré música o si cogeré a alguien del brazo y lo sacaré a bailar.

»Llevo treinta y siete años trabajando en esto y soy una prueba fehaciente de que se puede cambiar. El tipo de gestión que hoy llevo a cabo no tiene nada que ver con el de hace unos años. El cambio me ha permitido sacar a la superficie mi lado humano. Soy como soy y todo el mundo puede verlo. Y también oírlo, porque me río mucho.

A Mary se le han presentado oportunidades de ascenso. «No quiero cambiar de puesto. Estos últimos años han sido los más fructíferos de mi carrera. Me entusiasma lo que hacemos.

»Hemos traspasado muchos límites para mejorar el negocio. No sé si existe algún límite que *no* nos atreveríamos a sobrepasar. Pero cuando emprendes un viaje, debes estar dispuesto a renunciar a la comodidad. No se trata de ir pidiendo permiso. Todos nos movemos en una cierta esfera de influencia. Se trata de correr riesgos dentro de esa esfera.

»Es como si fuéramos personajes de *Star Trek*. Nos aventuramos sin miedo allí donde nadie ha estado nunca.»

Pequeños bocados

Recuerdos
¿Existen puestos de trabajo donde *no* se puede jugar? Por ejemplo, ¿en una funeraria? Esta historia la escuchamos de boca del director de unas pompas fúnebres. En una ocasión, una familia se había reunido en la funeraria para despedirse de un ser querido y se encontraba sumida en el dolor. El director invitó a todos los presentes a sentarse en círculo y recordar los buenos momentos que habían pasado con la fallecida. Al cabo de un rato, las risas se mezclaban con las lágrimas, mientras celebraban la alegría y la felicidad que les había aportado a su vida.

Un desenfadado toque infantil
¿Por qué los gráficos tienen que tener un aspecto tan aburrido? Una mujer decidió animar su presentación pidiendo a sus hijos que pintaran los gráficos con lápices de colores. Sus compañeros de trabajo quedaron encantados con los pinto-

rescos gráficos y la desenfadada representación fue todo un éxito.

El factor desplazamiento

Una vez concluidas sus compras en unos grandes almacenes, John Christensen se dirigió a la caja, sacó el talonario y alargó una mano para coger el bolígrafo que estaba sujeto por una cadena al mostrador. Como por arte de magia, el bolígrafo se escapó de su mano. La cajera había tirado del extremo de la cadena, oculto a la vista debajo del mostrador. John se echó a reír y lo mismo hizo la cajera. Ahora, cada vez que John entra en unos almacenes, aguarda una sorpresa tan agradable como la que le dio aquella cajera. Y por si las moscas, siempre lleva encima su propio bolígrafo.

Pasarlo bien es fundamental

Inspirándose en los pescaderos de Pike Place, un nuevo hospital decidió incluir el juego en su filosofía básica. En alguna parte de su declaración de propósitos dice: «Queremos consagrarnos a superar las expectativas de nuestros pacientes, ofreciéndoles una atmósfera *divertida* y humanitaria». En su escala de valores fundamentales destacan la calidad, compasión, integridad, buena planificación, el trabajo en equipo y la *diversión*.

Además, el juego y la productividad se dan la mano en este hospital. El día de la «fiesta en la playa» los pacientes, cuyo estado físico se lo permite, juegan entre ellos a la pelota. Poco se imaginan que lo que están haciendo es terapia física. Si se encontraran en la sala de recuperación, posiblemente no se esforzarían tanto. Sin embargo, el factor diversión lo cambia todo.

Iluminar algunas sonrisas

Nadie duda que «jugar» suena bien. Pero, ¿y si trabajas en una fábrica del sector de la industria pesada donde la seguridad desempeña un papel crucial? En primer lugar, en cualquier actividad que comporte un riesgo físico, jugar puede convertirse en una actividad temeraria. Sin embargo, existen otras maneras de levantar los ánimos incluso en los ambientes más estrictos. Un mes de diciembre, los empleados de mantenimiento de una fábrica industrial decoraron con bombillas de colores la valla metálica que rodeaba el recinto. Por su parte, los operarios de las máquinas solicitaron permiso para decorarlas, observando siempre las medidas de seguridad. En poco tiempo, los lugares de trabajo se fueron adornando con guirnaldas y luces centelleantes, y la decoración invadió el lugar.

Jugar no tiene por qué ser una actividad;

también puede ser un estado mental. Y nuestros estados mentales reflejan el ambiente que creamos.

¿Quién soy hoy?

Las entrevistas de trabajo acostumbran ser intimidatorias, incómodas, por no decir una manera muy efectiva de estropear tu mejor camisa por culpa de la transpiración. Sin embargo, una asesora del departamento de contratación de una prestigiosa universidad encontró una manera de introducir los juegos en su tarea. Cada vez que realiza una entrevista, se disfraza en consonancia con el puesto solicitado por el aspirante. Si debe entrevistar a aspirantes a empleos relacionados con la construcción, se viste como un trabajador de la construcción, con casco y demás parafernalia incluidos. Si entrevista a aspirantes a trabajos relacionados con la seguridad, se disfraza de guardia de seguridad. Con ello consigue tranquilizar a los aspirantes y ayudarles a que descubran por sí mismos en qué consiste la filosofía de la diversión, al tiempo que atrae a personas aptas para prosperar en ese ambiente.

El factor decisivo

Todas las empresas sueñan con atraer a los empleados más competentes, pero pocas saben cómo hacerlo. Un joven talento informático escogió una empresa porque durante la entrevista, vio un dirigible en miniatura volando por el despacho. Puesto que el sueldo y los beneficios eran interesantes, pensó que sería divertido y profesionalmente estimulante trabajar allí.

«Si quieres oír el graznido de un pato, aprieta 7...»

¿Qué trucos hay para atraer a los empleados? Los ejecutivos de una empresa decidieron adornar las solicitudes de trabajo con colores y notas de bienvenida. Otra, anima a los empleados a grabar mensajes telefónicos divertidos y luego sugiere a los candidatos potenciales que llamen a cualquiera de los empleados de la plantilla, una vez acabada la jornada, y hablen con ellos para hacerse una idea de lo divertido que es trabajar allí.

Un campo de juego más grande

Antes de sentirse seguros jugando, los empleados de una gran estación de esquí indagaron hasta dónde podían llegar. «Querían conocer los límites de su campo de juego —explica un alto ejecutivo—. "Si nos salimos del campo de juego nos pitarán falta, por eso debemos definir juntos los límites del campo de juego." Empecé con un campo de juego relativamente pequeño y les expliqué las reglas. La respuesta de los empleados fue: "No. Lo que necesitamos es ensanchar el campo de juego: ampliar las reglas, una pizca más de flexibilidad y un poco más de confianza".»

El alto ejecutivo redibujó las líneas y ensanchó el campo de juego. Ahora, la estación de esquí organiza concursos improvisados de karaoke en las montañas. Los niños no cesan de jugar y los esquiadores, imitando a los contorsionistas, tratan de pasar por debajo de un listón sin tocarlo, con la espalda vertiginosamente doblada hacia atrás, camino de la telesilla. En todas las estaciones de la zona se disfruta del mismo fabuloso paisaje y de amenidades parecidas. Esta, sin embargo, apuesta por la diferencia brindando la libertad a sus empleados para que sorprendan, con experiencias divertidas y personalizadas, a los esquiadores que acuden a la estación. ¿Es vuestro campo de juego lo suficientemente extenso o necesitáis ampliarlo?

Segunda parte:
ALEGRARLES EL DÍA

El mundo se convierte en un lugar mejor en el momento en que actúas pensando en los demás.

La primera vez que se pisa el mundialmente famoso mercado de pescado de Pike Place, uno cree que está asistiendo a un espectáculo. Los pescados volando, los gritos, las risas, las bromas a los clientes y las payasadas constituyen un buen entretenimiento. No obstante, pronto te das cuenta de que has subido a un escenario y formas parte del reparto. Los pescaderos te calan enseguida y aguardan la oportunidad de dirigirse a ti. Su empeño es recrear cada día su visión del mercado, pero saben que para lograrlo, deben encontrar la manera de grabarse en tu memoria. Así, cuando te vayas, con o sin una bolsa de pescado en la mano, lo harás con el deseo de compartir tu experiencia con otros, que acudirán al mercado y también se marcharán con un buen recuerdo. Y luego vendrán más. El rumor se extenderá a la velocidad del rayo, llegarán nuevos visitantes… y el resto ya te lo imaginas.

El secreto del éxito increíble del mercado de pescado de Pike Place reside en el compromiso de cada miembro con el momento presente. Merece la pena repetirlo: los trabajadores de Pike Place no se limitan a vender pescado; contribuyen a mejorar el mundo en el que vivimos, comprometiéndose con cada cosa que hacen, de una en una. Y de paso venden toneladas de pescado.

Un día se me presentó la oportunidad de enseñarle el mercado a un amigo y admirador del mismo. Me enteré de que iba a venir a Seattle en viaje de negocios y le sugerí que aprovechara la ocasión para visitar el mercado.

Hacia las cuatro de la tarde de un jueves, Ken llegó al mercado y se quedó disfrutando de la energía y de la acción que bullía en un puesto desde la última fila. Un pensamiento cruzó su mente y debió reflejarse en su cara porque Sammy aprovechó la oportunidad para acercarse a Ken y preguntarle: «¿Le puedo ayudar en algo?»

—Estoy pensando que ese salmón ahumado sería perfecto para una comida familiar que tengo este fin de semana. ¿Qué me sugeriría?

—Yo le aconsejaría que degustara dos tipos diferentes —propuso Sammy.

Después de pasar cinco minutos examinando tres tipos diferentes de salmón, Sammy le invitó a decidirse. Ken lo hizo, pidió las cantidades, sacó una tarjeta de crédito y se la entregó al pescadero. Sammy cogió la tarjeta y, sosteniéndola cuidadosamente, fue hacia la caja. Al cabo de un momento, regresó donde estaba Ken y, mirándole con aire serio y preocupado, le preguntó: «¿Tiene usted otra tarjeta?»

Ken experimentó una emoción inusual. Se puso colorado y empezó a buscar frenéticamente dinero suelto u otra tarjeta. Después de hurgar en todos los bolsillos durante un rato que le pareció eterno, Sammy dijo: «Era sólo por curiosidad, Ken. No la necesito».

Ken estaba tan inmerso en el momento que no le escuchó. Sammy tuvo que repetírselo: «No necesito otra tarjeta de crédito, Ken. Sólo quería saber si llevaba más tarjetas».

En la cara de Ken se dibujó una sonrisa. Había sido objeto de una broma inocente y eso dejó una huella duradera en su memoria. Desde aquel día, siempre que Ken cuenta la historia, el rumor se propaga con rapidez. La gente sonríe al escucharla y muchos deciden visitar el mercado en busca de sus propios recuerdos. Cuanto más corre el rumor, más gente acude al mercado para vivir su propia historia. Y así siempre...

Después de marcharse del mercado, preguntamos a los pescaderos si conocían a Ken Blanchard, el autor de varios libros de éxito, entre ellos, libros de gestión empresarial como *The One-Minute Manager*. La respuesta fue: «¿Quién es Ken Blanchard?» Simplemente le habían tratado como a cualquiera de los clientes que acudían a comprar a ese puesto.

No existe nada tan poderoso como desviar la atención de uno mismo y preguntarse qué se puede hacer para conectar con otro ser humano, cliente, miembro de la familia o compañero de trabajo y «alegrarle el día». O como dice Justin, otro de los pescaderos: «Al menos, alegrarle el momento».

La próxima historia nos cuenta las peripecias de un vendedor de coches empeñado en hacer las visitas de los clientes memorables, tarea nada fácil dados los sentimientos que experimenta mucha gente a la hora de regatear para comprar un coche. Sin embargo, las cosas cambiaron cuando los empleados del concesionario de Ford Toyota en Rochester emprendieron el camino para descubrir qué debían hacer para concentrarse en las necesidades de los demás, en vez de hacerlo en las suyas.

Empeñados en prestar un servicio a otros: Ford Toyota en Rochester

En el aparcamiento del concesionario de Ford Toyota en Rochester hay cientos de vehículos, pero en este momento Rob Gregory sólo está interesado en uno: un coche preparado para carreras de la National Association for Stock Car Auto Racing (NASCAR), que visita provisionalmente el concesionario como parte de una promoción. «¡Eh! Escuchad esto», dice amorosamente mientras ruge el motor.

Durante unos segundos, Rob vuelve a ser el chico de Grand Forks, Dakota del Norte, al que le entusiasmaba acompañar a su padre cuando compraba un coche.

—Para mí no existía nada mejor en el mundo —recuerda.

Al hacerse mayor, aprendió que no todo el mundo pensaba igual.

—Hay quien si tiene que elegir entre sacarse una muela y comprar un coche, llama primero al dentista.

Sin embargo, cuando Rob consiguió su primer empleo como vendedor de coches en Grand Forks en 1987, conoció a un hombre que tenía una visión diferente. Las cazadoras tejanas y los pañuelos de colores en sustitución de la corbata daban a Wes Rydell el aspecto de un vaquero sacado de una película del Oeste, pero eran sus ideas poco convencionales las que le separaban del rebaño.

—Su visión se podría resumir en algo así como: Haz justo lo contrario de lo que hace el resto del sector y llegarás lejos—explica Don.

»El señor Rydell hablaba de ser el número 1, de desarrollar tu potencial al máximo. Todo el mundo aspira a ser el número 1. Los casados sueñan con que su matrimonio sea el número 1. Las empresas compiten entre sí para llegar a ser la número 1. Ahora bien, desde la perspectiva empresarial, ¿cuál sería el camino a seguir para alcanzar ese puesto?

»Según el señor Rydell, son cinco las áreas clave para el éxito de un negocio: 1) El entusiasmo de los clientes, 2) La satisfacción de los empleados, 3) La capacidad para generar beneficios, 4) El crecimiento del mercado y 5) La mejora continua. Las cinco condiciones son necesarias, pero cada uno tiene sus preferencias.

»La mayoría de los concesionarios de coches eligen dejarse guiar por la tercera, los beneficios. Rydell, sin embargo, decidió concentrarse en la primera, el entusiasmo de los clientes. «Ninguno de estos factores es necesariamente mejor o peor que el resto —comenta Rob—, pero si antepones el cliente a todo lo demás, adoptas una óptica distinta. Dejas de concentrarte en lo que tú quieres y empiezas a concentrarte en lo que quieren las personas a las que atiendes.

»—El señor Rydell decía: "Si un amigo mío viene a comprar un coche, haré todo lo posible para que se vaya contento. ¿Qué ocurriría si tratara a todos los clientes como si fueran amigos míos?"

»Desde esta perspectiva, Rydell creó una nueva visión para su negocio: *Ser tan eficientes como para ser capaces de ayudar a los demás.* "Si hicieras tu trabajo realmente bien, ¿quién acudiría a ti para que le atendieras? —pregunta Rob—. Todo el mundo lo haría. ¿Cómo te sientes cuando de verdad prestas servicio a los demás? Te sientes genial".

»Sí, desde luego no hay que olvidar los beneficios. Pero, ¿son la causa o el efecto? Si preguntas a la gente si le gustaría ser millonaria, todos dirán que sí. Pero si preguntas *por qué* quieren ser millonarios, la razón subyacente siempre es la misma: porque quieren ser felices. La única manera de ser feliz en esta vida es olvidarse de uno mismo y servir a los demás. Ese era el camino que el señor Rydell quería que yo emprendiera.

¿QUÉ ESTÁS ALIMENTANDO?

Cuando en noviembre de 1999, Rob compró el concesionario Universal Ford Toyota de Rochester, Minnesota, muchos empleados no se sentían especialmente felices.

—Tenía fama de ser el típico concesionario de coches: «Entre, que le maltrataremos» —recuerda Al Utesch, responsable de las piezas de repuesto del concesionario Universal durante siete años—. La mayoría de los empleados se esforzaban por complacer a los clientes pero la meta principal era financiera. Ocupábamos uno de los peores puestos de la región en cuanto a satisfacción del cliente se refiere y por lo que respecta a la de los empleados, era tan baja que apenas se podía medir.

—Veía que mucha gente acababa pagando un precio muy alto y los que no lo hacían, tenían que dejarse la piel para conseguirlo —explica John Davis, que había entrado a formar parte del departamento comercial seis meses antes de que Rob comprara el concesionario.

Incluso la rentabilidad del concesionario podía inducir a error. La economía se había fortalecido en los últimos años y Rochester —sede de la Clínica Mayo, uno de los centros médicos más importantes del mundo— era una población próspera. «El anterior propietario seguramente se habría dado un sobresaliente en rentabilidad, pero considerando el mercado potencial, apenas sacó un aprobado», dice Rob.

Rob no se sorprendió, pero tampoco deseaba juzgar a nadie. «El negocio se concentró en el área 3 (beneficios) y descuidó el área 1 (clientes satisfechos) —decía—. Para el propietario, que vivía fuera de la ciudad, el concesionario constituía una inversión, no ofrecía un servicio. Si vives fuera de la ciudad y todos los meses recibes un cheque con un buen montante, ¿para qué vas a cambiar nada?»

Pero si creas una atmósfera basada en recibir en lugar de dar, esa actitud se contagia incluso a las personas bienintencionadas. Los clientes llegan con una actitud a la defensiva. Los vendedores intentan sacar la máxima ganancia de cada coche pensando que no volverán a ver al cliente. La dirección busca obtener beneficios de todas partes y los empleados se concentran en lo que pueden recibir, y no en lo que pueden ofrecer.

La decisión de manejar las áreas de ventas,

servicio al cliente y piezas de repuesto como tres entidades financieras distintas dio pie sin quererlo a un ambiente en el que los empleados del concesionario se veían unos a otros como competidores. «Al poner nuestro punto de mira en los resultados, nos echábamos las culpas de todo —explica Julie Sweningson, encargada del departamento de piezas de repuesto—. Las cosas se pusieron tan feas que si un amigo quería comprar un coche, le aconsejábamos que acudiera a otro concesionario, y el departamento de ventas enviaba a sus clientes a comprar las piezas de repuesto a otras tiendas porque decía que era difícil trabajar con nosotros.»

Nadie, incluido el dueño, se sentía a gusto con la situación, pero nadie sabía qué hacer para cambiarla. Los beneficios parecían buenos y, como dice Wes Rydell, tus preferencias condicionan tu manera de ver el mundo.

—Lo primero que hice al llegar fue hablar en privado con muchos empleados y detecté un cierto grado de victimismo —recuerda Brian Kopeck cuando fue a trabajar con Rob en el concesionario Ford Toyota de Rochester, como director de ventas de coches nuevos—. Si hubiéramos convocado un concurso de quejas, se habría presentado todo el mundo.

Rob realizó un gran cambio externo, cambiando el nombre del concesionario por el de Rochester Ford Toyota, pero explicó a los empleados que el cambio más importante debía ser interno.

—¿Estamos satisfechos con la manera en que funcionan las cosas en este momento? —preguntó Rob—. Si continuamos como hasta ahora, ¿iremos a mejor o a peor?

La respuesta fue casi unánime: «A peor».

—¿Y qué tal va todo a nivel personal? ¿El trabajo les proporciona las satisfacciones que esperaban?

En la sala hubo un silencio.

Rob propuso un cambio de rumbo. «¿Qué sucedería si anteponemos las necesidades de los clientes a las nuestras? —preguntó—. ¿Qué quieren realmente los clientes?

»¿Quieren venir aquí a regatear con varias personas o preferirían conocer nuestros precios desde el principio? Prefieren saberlos desde el principio. Muy bien. Entonces se acabaron los regateos y las tácticas para presionarles. Pondremos nuestro mejor precio a cada vehículo. Será como jugar al póquer con las cartas sobre la mesa; por lo que necesitaremos una buena mano.

»¿Acaso hay clientes que quieran comprar un mal coche? No. Muy bien. A quien nos compre un coche usado, le devolvemos su dinero si nos lo trae en un plazo de siete días. Si tarda 30 días, se lo cambiaremos por cualquier coche usado de valor idéntico o superior.

»¿Los clientes quieren tratar con vendedores que cobran por vender o por prestar un servicio? Por prestar un servicio. Muy bien, nuestros vendedores cobrarán por cada coche que vendan, en lugar de cobrar un porcentaje sobre el precio final de venta.»

Al bajar el precio de cada vehículo, Rob le estaba pidiendo a la plantilla que vendiera el doble de coches por el mismo precio. «Puedes intentar obtener una gran tajada de un trocito o un trocito de una gran tajada —dijo—. Me parece que fue Sam Walton quien decía que un trocito de una gran tajada, seguía siendo mucho.»

Pero todo lo que la plantilla de Rob oyó fue: «Vamos a trabajar el doble y existe la posibilidad de que nos arruinemos. Podría ser que vuestro sueldo no aumente —aunque realmente creo que ganaréis más—, pero lo mejor de todo es que ¡podréis ser felices mientras trabajáis!»

Sólo a unos pocos empleados les gustó lo que habían oído. La mayoría contuvo la respiración y decidió esperar a ver qué pasaba. Algunos se despidieron.

UNA FILOSOFÍA, NO UN PROGRAMA

¿Había algún negocio que hubiera triunfado basándose en la propuesta que había hecho Rob a sus empleados? Pues sí, explicó Bob, había uno: un mercado de pescado.

Bob contó la historia de Pike Place y su aspiración de llegar a ser mundialmente famosos. Los pescaderos de Pike Place no habían emprendido aquel camino sencillamente porque querían vender más pescado. Aspiraban a ser más felices. Al olvidarse de sí mismos y concentrarse en ayudar a los demás, descubrieron una satisfacción que no hubieran imaginado nunca. Cuanta más gente despachaban, más clientes tenían. ¿Cómo se sentían? Se sentían de maravilla.

Algunos empleados del concesionario de Ford Toyota en Rochester se maravillaron ante lo que hacían los pescaderos de Pike Place; era justamente lo que andaban buscando. Otros lo encontraron divertido. A otros les resultó obvio y hubo quien pensó que se trataba de una soberana estupidez.

—La mayoría coincidió en que se trataba de una experiencia mucho más interesante de la que se vivía en el concesionario —recuerda Rob—. Nos planteaba la posibilidad de elegir. ¿Íbamos a asumir nuestra parte de responsabilidad e intentar cambiar nuestro ambiente laboral o nos quedaríamos de brazos cruzados esperando que alguien nos sirviera la solución en bandeja?

Comenzaron jugando a lanzarse objetos, bromeando con los clientes, e improvisando pasos de ballet en el salón de exposición y ventas.

—Hacían lo que fuera para aligerar la carga del trabajo —dice Rob—. Era obvio que el sistema antiguo no funcionaba y que la gente estaba receptiva. Además, si las propuestas provienen del dueño, algunas personas fingen interés, aunque no lo sientan.

—A simple vista toda la acción se desarrollaba allí, sobre todo en el salón de exposición y ventas, pero pienso que algunas personas se sentían asustadas y por ello imitaban cualquier cosa que hicieran los jefes —recalca Brian.

Unos meses después de haberse hecho cargo del concesionario, Rob convocó una reunión de empleados para hablar de la filosofía del negocio. «Yo creo que los puntos uno, dos, tres, cuatro y cinco funcionan, que la idea funciona», dijo. Hubo quien no estaba de acuerdo: «¿No se da cuenta de que, en realidad, no ha cambiado nada?»

—Bueno, algunas cosas habían cambiado. Pero si no reconocían los cambios, quería decir que eran ellos los que no habían cambiado. De hecho, confesaban que no habían cambiado.

Básicamente el sentimiento general era: «Rob, hablemos sin tapujos: quieres que venda el doble de coches con el mismo sueldo... pero, ¿me voy a sentir mejor por eso? ¡Porque hoy no es que me sienta demasiado bien!»

En aquel momento Rob comprendió que el camino no había hecho más que empezar. Había pensado que los cinco puntos y la Filosofía FISH! causarían un efecto reparador en todo y en todos de forma inmediata. «Pero las cosas no mejoran hasta que decidimos que mejoren. De los numerosos y diferentes programas que se habían puesto en marcha hasta entonces para solucionar los problemas existentes en el concesionario, ninguno había dado resultado. Y la gente pensaba que éste sería uno más.»

Para Rob estos principios constituían una filosofía, y no un programa. Las filosofías no se aplican sin más; primero se exploran y luego se elige creer en ellas y practicarlas. Algunos empleados del concesionario ya habían comenzado a practicar estos principios. Para otros la decisión de hacerlo puede que llegara en diez minutos, un mes o incluso al cabo de unos años.

—Si das una pistola de agua a una persona que no confía en ti, y luego le dices: «¡Diviértete!», sin duda pensará que dices tonterías. Primero teníamos que crear una atmósfera de confianza y responsabilidad. La gente necesita asegurarse de que te has comprometido con algo más serio que el programa del mes.

No mucho después, Rob examinaba las propuestas para dos vallas publicitarias, ambas con mensajes tradicionales que prometían precios de ganga. «No sabía por cuál decidirme y de repente se me ocurrió una idea. En diez segundos escribí: ¿Ha probado nuestro pescado?»

Rob pidió a varios jefes de departamento que le ayudaran a elegir el texto de las vallas. Al ver los dos primeros, las respuestas fueron unánimes: no y no.

—A ver qué opinan de éste —dijo Rob, mostrándoles el que se le acababa de ocurrir.

Inmediatamente todos lo señalaron, diciendo: «¡Éste sí!»

«LO CIERTO ES QUE LO PASAMOS BIEN...»

La nueva valla publicitaria de Ford Toyota en Rochester fue colocada al otro lado de la carretera, justo delante del concesionario, en marzo de 2000. El primer día llamó una mujer preguntando qué clase de pescado vendíamos. A Brian se le ocurrió que quizá sería buena idea encargar una caja llena de salmones de plástico para el concesionario.

El anuncio levantó recelo. «Hubo quien llamó preguntando: ¿Y eso qué significa? ¿No será que hay algo que huele mal? O ¿pretenden hacernos morder algún anzuelo?», recuerda Sam Grosso, uno de los vendedores.

La plantilla de ventas no prestó demasiada atención a la valla publicitaria. Sin embargo, el aluvión de personas que acudía a la sala de exposición y venta interesándose por el críptico mensaje les obligó a interesarse por el curioso anuncio. «¿Qué les vamos a decir?», se preguntaban.

De todas formas, al recapacitar un poco, no les resultó tan difícil hallar la respuesta. «Lo que funciona para un mercado de pescado, debería funcionar para un concesionario de coches —afirma Sam—: Prestar un buen servicio al público, hacerlo de manera divertida, mostrar una actitud positiva y estar presente cuando te necesitan. Eso lo entiende la mayoría de la gente».

La parte más difícil fue convencer a los clientes de que Ford Toyota en Rochester era un concesionario serio y que el precio que tenían delante *era* el precio definitivo del vehículo. «La gente viene preparada para la pelea y se sorprende de no encontrarla», dice Sam.

Uno a uno, algunos vendedores fueron perdiendo el miedo. No fue fácil, pero dejaron de pensar en el dinero y empezaron a pensar en las necesidades de los clientes. Vender coches dejó de ser una partida de ajedrez donde cada jugador intentaba adelantarse al movimiento del otro y se convirtió en un diálogo acerca de las necesidades de los clientes. Y los clientes lo percibieron.

—Antes, los vendedores te decían cosas como: «Mire, que conste que esto lo hago porque se trata de usted —explicaba un cliente durante una visita a la sala de exposiciones y ventas—. ¡Seguro que sí!, pensabas mientras leías los pensamientos del vendedor: "Porque de las 30.000 personas que atiendo al año, señor, le puedo decir sinceramente que *usted* es especial".

»Pero aquí no ocurre nada de eso. Te explican todas las opciones y riesgos cubiertos adicionales sin exagerar ni intentar convencerte en un sentido u otro. Se limitan a decirte: "Éstas son las ventajas y éstos los inconvenientes. Dígame usted cómo puedo ayudarle". Estuve aquí cuando era Universal, y le aseguro que este lugar no tiene nada que ver con aquél.

»No tardaron en llegar las primeras cartas de los clientes en las que decían cosas como: "Lo cierto es que lo pasamos bien comprando el coche"; "...que me atendió con la amabilidad y el interés de un amigo..."; "Al ser viuda, me preguntaba cómo me tratarían. Recibí un trato exquisito y deferente, que me hizo sentir importante..."; "Los compañeros del trabajo y yo habíamos comentado nuestras experiencias en la compra de un vehículo, y coincidíamos en lo mucho que deseábamos y valoraríamos que los vendedores hicieran un esfuerzo por ser directos, sinceros, agradables y breves. Hasta el día en que visité por casualidad el concesionario Ford Toyota en Rochester y encontré dichas cualidades, que no imaginaba que existieran..."; "Soy mujer y soy joven, y me trataron con absoluto respeto..."; "Ha sido la experiencia de compra de un coche más agradable que he tenido hasta ahora, y calculo que habré comprado de 25 a 30 coches en toda mi vida.»

Unos meses antes, durante la presentación que hizo Rob de la nueva política de comisiones a los vendedores, varios miembros del departamento de ventas, Sam Grosso incluido, habían pensado seriamente en despedirse. Algunos de los vendedores más experimentados lo hicieron. Sin embargo, Rob convenció a los que se quedaron para que le dieran un plazo de seis meses, durante el cual las ventas aumentaron espectacularmente. «Funcionó —explica Sam—, porque todo es más fácil si la gente no tiene que preocuparse de si ha realizado una buena compra o si su vecino ha comprado lo mismo a mejor precio. Yo ahora me lo paso bien y los antiguos clientes aprecian la diferencia.»

Un día, Rob se detuvo a saludar a un cliente, un hombre de complexión grande y de aspecto intimidatorio, que estaba finalizando una compra con Howard Hank, otro vendedor. «Odio los concesionarios —gruñó el hombre; y añadió, sonriendo—: Es la primera vez en mi vida que compro un coche sin haber despotricado».

VENDER LO QUE NECESITAN

Poco tiempo después, la plantilla tuvo ocasión de ver un vídeo de John Miller acerca de la responsabilidad personal. En él, Miller explicaba lo que le había ocurrido en un restaurante. «Lo lamento —le dijo el camarero—, pero no servimos limonada.» Cinco minutos después, el camarero depositó un vaso de limonada en la mesa de Miller.

Miller estaba confuso.

—¿No ha dicho que no sirven limonada?

—Así es —respondió el camarero—. Le he pedido a mi jefe que fuera a la tienda de la esquina a comprarla.

Unos días después, entró un cliente en la sala de exposiciones y ventas del concesionario de Ford Toyota en Rochester. Uno de los vendedores le preguntó si le apetecía algo de beber. «Lo que realmente me apetece es un capuchino», contestó el hombre jovialmente.

—No teníamos capuchino —cuenta Rob—. Pero a nuestro vendedor se le ocurrió una idea: «Veremos si funciona». Mientras daba una vuelta por la sala con el cliente, un compañero fue en coche a la cafetería más próxima, compró un capuchino y se lo trajo.

»El cliente no daba crédito a sus ojos. Finalmente compró un coche, pero de lo único que se hablaba en el departamento de ventas fue de la cara de sorpresa y satisfacción que puso el cliente.»

Un vendedor hábil sabe muy bien lo que debe hacer para que un cliente se sienta cómodo. «¿Cómo te voy a pedir que me compres un coche, brindándome un margen de beneficios, si antes no te hago reír un poco o por lo menos logro que lo pases bien durante la compra?», se pregunta el vendedor Dan Kocer.

Pero el cambio empezó a materializarse. «Ahora, al hablar con los clientes, la primera cosa que te pasa por la mente no es cuánto dinero ganarás porque lo necesitas para pagar la hipoteca —dice Dan—. Sabes que de ahí saldrá algo; si no es una amistad, por lo menos la satisfacción de haber tratado bien a la gente.»

La prueba de fuego llegó cuando todo el mundo empezó a hacer, espontáneamente, cosas que no tenían por qué hacer. En lugar de indicar a los clientes dónde se hallaba el departamento de piezas de repuesto, les acompañaban hasta allí. En vez de dejar solos a los clientes en una sala mientras tramitaban los papeles para aceptar el coche usado como parte del pago en otra, les invitaban a pasar. Si veían a una madre intentando tranquilizar a un niño alborotado y encontrar el taller del concesionario para cambiar el aceite, se ofrecían a llevar el coche hasta el taller y solicitar el servicio en su nombre.

John Davids le alegraba el día a la gente haciendo cosas por las que no le pagaban, por ejemplo, asegurándose de que se añadían los accesorios necesarios para que el vehículo estuviera listo cuando el cliente lo pidiese. «La clave de todo está en la actitud —explica—. Incluso las personas amables y bondadosas por naturaleza deberían reflexionar sobre sus actitudes a diario, porque es fácil acabar preocupándose primero por el dinero. Si acudimos diariamente al trabajo con ganas de atender a los demás, hasta es posible que hagamos nuevos amigos. Hace poco, un cliente de fuera de la ciudad me invitó a comer. ¿Qué más se puede pedir?

»No lo hacemos siempre, pero cuando algunos clientes vienen a recoger su vehículo, organizamos un pequeño espectáculo. Pedimos a todos los vendedores que salgan a la calle un momento y les aplaudan; les agradecemos su compra y les regalamos rosas y globos —explica Brian Kopek—. Y la gente llora. ¿Cómo te lo explicas?

»Cuando vendes coches cada día, tiendes a pensar: ¡Pero si no es más que un coche! Quizá les hayan tratado muy mal en el pasado. Sin embargo, no debemos olvidar que vendemos algo que mucha gente necesita en su vida diaria. Utilizarán ese coche para ir al hospital, irse de vacaciones o recoger a los niños del colegio.

»Cuando los clientes se emocionan, Rob se queda sin habla y desaparece tras poner alguna excusa, como por ejemplo: "Me ha parecido ver algo de basura en el aparcamiento. Será mejor que vaya a recogerla".»

COSAS PEQUEÑAS

Si buscas la palabra *calma* en el diccionario, encontrarás la caracterización de Lloyd Hyberger. «Me tomo las cosas con calma —dice—. No dejo que nada me afecte demasiado.»

Es por eso, tal vez, por lo que a Lloyd, uno

de los vendedores del concesionario de Ford Toyota en Rochester, no le importa prestar su coche a los clientes que tienen que dejar su vehículo en el taller. «Si los clientes se hallan en un apuro, a veces les presto mi coche para que puedan ir a trabajar mientras les arreglan el suyo. Y si ocurre algo, para eso está el seguro.

»Soy una persona bastante relajada, y me gustaría que los demás también lo fueran. En mi oficina tengo un ventilador pequeño, y cuando viene alguien a verme y hace mucho calor, lo oriento en su dirección para que se refresque un poco.»

El termómetro marcaba muy pocos grados la tarde que Lloyd atendió una llamada en la sala de exposición y ventas. «Era una de esas típicas tardes invernales de Minnesota, en que hacía un tiempo de perros —recuerda—. La mujer que llamaba vivía en Dubuque, Iowa, pero ahora se alojaba en un hotel cercano a la Clínica Mayo, donde su marido seguía un tratamiento contra la leucemia.

El coche de la mujer se encontraba en el taller de reparaciones del concesionario Ford Toyota de Rochester. Estaba demasiado preocupada por su marido como para tener que preocuparse también por su coche. «Quiero comprar un coche nuevo», dijo.

Lloyd le dijo que cogiera un taxi y se ofreció a pagárselo. Luego puso un coche en marcha y paseó a la mujer varias veces por el aparcamiento hasta que encontró el coche que buscaba. «Ya habíamos tasado su vehículo. Limpiamos el coche nuevo y llevamos sus pertenencias del viejo al nuevo. No estaba segura de cómo volver a su hotel, de modo que le dibujé un pequeño mapa.» Cuando Lloyd acabó, habían transcurrido 60 minutos de la hora de cierre.

La mujer regresó al día siguiente, pero esta vez lo hizo acompañada. Le había contado a su marido lo bien que la habían tratado, y él quiso salir del hospital para dar las gracias personalmente a Lloyd.

Algunas semanas después Lloyd recibió una carta de la mujer. «Cuando mi marido luchaba valientemente contra la leucemia y se nos estropeó el coche, usted me trató con tanta honestidad y amabilidad que mi marido insistió en que quería conocerle. Mi marido estrechó su mano un mes antes de morir.»

—Cumplimos con nuestro trabajo, pero reconozco que me sentí bien conmigo mismo —reconoce Lloyd; y añade, bajando aún más la voz—: ¡Lo cierto es que es algo que recuerdo todos los días!

EMPIEZA POR TI

A pesar de que el ambiente había cambiado en el concesionario Ford Toyota de Rochester, había días en los que Rob deseaba que el cambio se produjese con mayor rapidez. «Me gusta que las cosas cambien rápidamente. Forma parte de mi personalidad. Cuando quiero una cosa, la quiero ya —explica—. Bueno, una de mis frustraciones es que pienso que tengo el don de ver los defectos de los demás.

»Pero, si quieres cambiar el mundo, primero tienes que cambiar tú mismo. Reconocerlo ha supuesto un acto de humildad, pero me di cuenta de que nueve de cada diez problemas de la empresa radicaban en mí. Desde que soy consciente de ello, me esfuerzo en cambiar y he descubierto que el impacto de mis actos es mayor que cuando me empeñaba en cambiar a los demás.»

Rob se esforzó en cambiar y empezó por aprender a escuchar. «A veces a Rob no le gustan los comentarios que le haces sobre su manera de abordar una situación o de hablar con una persona, pero después reflexiona sobre lo que le dices, lo analiza y te lo agradece de verdad», dice Al Utesch.

Rob tuvo que aprender a dar libertad a sus empleados. «En el fondo, hablando con sinceridad, sé que todavía me rijo por el dinero —confiesa Rob—. De ahí que cuando la gente toma decisiones que acarrean repercusiones financieras, me tengo que reprimir para no matar a alguien o disparar a discreción.

»Pero hemos resumido nuestra filosofía en una cartulina, que reza: No existe nada más valioso que nuestros empleados. ¿Cómo se refleja esto en la práctica? ¿Tendrás la paciencia de esperar hasta que los empleados descubran que realmente les valoras? La respuesta es: ¡Por supuesto!»

Rob aprendió también, poco a poco, a dejarse guiar por los objetivos de la organización, y no por consideraciones a corto plazo. «Uno de los clientes de Lloyd nos llamó porque tenía que llegar a Idaho y el camión que nos había comprado le había dado problemas en medio de una ventisca en Dakota del Sur. Había acudido a otro concesionario para que se lo arreglaran ese mismo día pero le habían dicho que no era posible. Le dije: "Si no se lo arreglan, coja otro vehículo del aparcamiento, cargue en él su mercancía y a su vuelta, yo les compraré a ellos el camión". Finalmente el concesionario optó por arreglar el camión. Creo que nuestro compromiso con el cliente les impresionó y espoleó su orgullo.

»El conductor del camión no sólo nos había comprado un vehículo; había comprado nuestra reputación.»

SALTAR CON LOS OJOS CERRADOS

Cuando Rob empezó a cambiar, otros decidieron unírsele en ese nuevo y largo camino: por ejemplo, personas como Al Utesch. El director del departamento de piezas de recambio, que había empezado lavando coches en el concesionario veintinueve años antes, se había planteado despedirse. Pero había algo en la filosofía de ir más allá de uno mismo que le recordaba mucho a las enseñanzas que había recibido de sus padres y que intentaba transmitir a sus hijos.

Por aquel entonces, el director de servicios presentó la dimisión. Rob pensó que Al era el mejor candidato para el puesto, aunque nadie compartía su opinión, incluido el propio Al. «Después de pasar veintinueve años en el departamento de piezas de repuesto, me había acomodado —recuerda—. Pasé un miedo tremendo. Los dos primeros meses me despertaba sudando por las noches.»

Rob afirma que Al se lanzó al agua con los ojos cerrados. «Ni siquiera comprobó la temperatura del agua. Tampoco preguntó por el sueldo».

En opinión de Al, el compromiso del departamento con respecto al servicio al cliente era de chiste. «Se habló de los problemas existentes y de las maneras de solucionarlos. Algunos empleados se habían esforzado tanto en el pasado que querían abandonar, pero decidieron quedarse y darle una oportunidad al nuevo sistema.»

Otros por el contrario, se negaron a formar parte de él. «Hubo algunos individuos clave que rechazaron la nueva filosofía y se negaron a caminar en la nueva dirección —recuerda Rob—. Eligieron no estar presentes. Sabiendo que aportaban beneficios, yo como dueño, miré a Al y le pregunté si estaba seguro de lo que hacía. Por toda respuesta, Al señaló la cartulina que enumeraba la escala de valores y las metas de nuestra filosofía. De acuerdo —dije—. Estás seguro. Sigue adelante.»

Para reemplazar a los que se marcharon, Al contrató a varias personas que no habían trabajado nunca en el sector de servicios. Eligió personas con mucha energía, personas positivas, personas interesadas por los clientes, y les enseñó las técnicas necesarias.

También reorganizó el área de servicios. «Antes abríamos las puertas a las siete menos cuarto de la mañana. Los clientes se amontonaban como ganado en dos filas». Al eliminó una fila y organizó un sistema de visitas concertadas cada 15 minutos. «La meta era optimizar el tiempo y ofrecer al cliente una atención personalizada para que los empleados pudieran tomar buena nota del problema».

En pocos meses, el departamento de servicios del concesionario se situó entre los diez mejor valorados de la región. Los beneficios y la cuota de mercado subieron como la espuma. El grado de satisfacción de los empleados aumentó de manera espectacular; Rob apenas se lo podía creer. «Antes sólo arreglábamos *coches* —dice Al—. Ahora somos conscientes de que velamos por la *gente*.»

—Hay días en que me deprimo y pierdo la fe —comenta Rob—. Pero hablo con Al, me levanta el ánimo y me hace recordar que lo que hacemos importa, ¡y mucho!

DON PERFECTO

La primera vez que Chuck Dery, el director del taller de reparaciones, escuchó la nueva filosofía del concesionario, le dijo a Rob que le parecía una tontería. «Se lo dije muchas veces —cuenta Chuck—. No me sirve que alguien me venga con ese cuento del pescado. Y si seguimos con esto, no seré el único que piense así. Al final decidí intentarlo para demostrar a Rob que se equivocaba. Pero me salió el tiro por la culata. Las cosas empezaron a ir cada vez mejor.»

Ahí fue cuando Chuck se convirtió en don Perfecto. «Si alguien me preguntaba cómo iba todo, yo contestaba: "Perfecto". "No puede ir todo perfecto", decían. "¿Y por qué no?", contestaba yo.

»Si me permito tener un mal día, sé que puedo arruinar el buen humor de todos mis compañeros del taller en diez segundos. Y puedo hacerlo sin problema. Si siento rencor por algo, o me peleo con mi mujer y dejo que me afecte, más vale que mande a todos a casa y cierre el taller, porque soy su persona de referencia.

»La calidad de nuestro trabajo no ha cambiado. Es tan buena como siempre. La diferencia es la actitud. Si los empleados están desanimados, intento animarles. Cada situación es diferente. Si alguien se pelea con su mujer, me convierto en consejero matrimonial. Cuentan conmigo para todo y gracias a ello aumenta su rendimiento.

»Cuando hables por teléfono con alguien y te pregunte cómo te va, contesta: "Perfecto". Te prometo que no se lo creerán. "No, no puede ir todo perfecto". Yo digo que todos los días son perfectos. Me siento mejor al decirlo. He conseguido que diez o doce compañeros lo digan. Ahora es lo único que dicen: "Perfecto".»

DESEMPEÑAR TU PAPEL
Julie Sweningson, directora del departamento de piezas de repuesto solía comer con dos técnicos

de servicios. «Sólo sabíamos quejarnos de la gente», recuerda.

Un día, uno de los dos técnicos, le hizo la siguiente pregunta:

—¿Qué opinan los demás de mí?

Julie no contestó.

—Venga, dímelo —insistió el técnico—. Puedo aceptarlo.

Ella se lo dijo y resultó que él no pudo aceptarlo. «Después de aquello, no volvimos a quedar para comer», recuerda Julie.

Trabajar en el departamento de piezas de repuesto para automóviles puede resultar un trabajo poco agradecido. «Sólo te llegan las quejas, cuando se retrasan las piezas que has pedido y el cliente sufre los inconvenientes —explica Julie—. La gente no ve todo lo que haces para ayudarles ni el tiempo que pasas localizando las piezas y matándote a trabajar.

Un día, sin embargo, Julie dejó de pensar en lo que recibía y empezó a concentrarse en lo que ofrecía. «En el pasado si una pieza se retrasaba y habíamos dado un precio al cliente, le decíamos que tenía que esperar. Ahora, aunque hayamos dado un presupuesto, buscamos la pieza en otro concesionario que quizás nos cueste más y no ganemos tanto con ella, pero la encargamos igualmente para no hacer esperar al cliente. Es un coste a corto plazo pero una ganancia a largo plazo.

»Lo cierto es que no sé muy bien cómo funciona, pero funciona. De hecho, ahora trabajamos más porque estamos más ocupados. Tenemos el mismo número de personas produciendo el mismo número de piezas pero disfrutamos.

»Me gustaría poder decir que he cambiado, pero a veces vuelvo a caer en una actitud defensiva. Eso sí, no tanto como antes; me he calmado. Rob ha compartido muchas ideas con nosotros y es fantástico recibir esa clase de formación. Un aumento de sueldo no habría mejorado mi actitud. Aquí, ofrecemos a la gente la oportunidad de cambiar por sí mismos y eso es mucho mejor.»

¡HOY HAS HECHO ALGO ESPECIAL!

Durante la época en que el padre de Wayne Brueske fue propietario de una estación de servicio en Rochester, apenas hizo publicidad. «Decía que si no podía sobrevivir gracias al boca a boca, no merecía estar en el negocio», recuerda Wayne.

Wayne creció rodeado de coches y se convirtió en un buen mecánico. En 1980 entró a trabajar en Universal Ford. Al igual que su padre, se interesaba por los clientes pero a final de la década de 1990, llegó a la conclusión de que la directiva del concesionario —que había cambiado de dueño cinco veces desde su llegada— no compartía su punto de vista. «Sólo pensaban en una cosa: dinero, dinero, dinero.»

Wayne pensaba que Universal tampoco se preocupaba mucho de los empleados. Convencer a la dirección para que comprara herramientas y equipo que ahorraran tiempo, y de paso problemas de espalda y rodillas a los técnicos, era una lucha constante.

La lucha se reflejó en su actitud. Un día apareció en el trabajo con su número de empleado pegado sobre su nombre en la camiseta. «Mi jefe se molestó conmigo pero yo tenía la sensación de que sólo era un número para ellos.»

Wayne intentó evitar que su actitud afectara a su trabajo, pero se filtró en su perspectiva de casi todo lo demás. Cuando comía con Julie Sweningson, no paraba de quejarse y caminaba siempre con la cabeza agachada. «Me sentía atrapado en un agujero negro y sin posibilidad de escapar. Llegué a un punto en que si no me marchaba, acabaría acusando problemas físicos.»

Barajaba dos trabajos cuando Ron compró el concesionario. Después de asistir a la charla de presentación, Wayne dudó. «Aunque sólo haga la mitad de lo que dice, las cosas mejorarán. Concentrarse en el cliente era uno de los puntos de mi escala de valores, y pensé: "¿Cambiar de trabajo hará que cambie? ¿O cambiaré de trabajo pero seguiré con la misma actitud?"»

Wayne se quedó, y su actitud no cambió de la noche a la mañana. En el transcurso de una discusión con Rob en la que Wayne se quejaba de que deberían cambiar el uniforme de la compañía, éste le respondió: «Si tan mal se encuentra aquí, tal vez debería pensar en cambiar».

La cosa podría haber acabado allí, pero los dos sabían que habría sido la vía fácil. Rob se ofreció a reunirse con Wayne y el resto de los técnicos una vez por semana. Era la primera vez que el dueño del concesionario proponía una oferta semejante.

—Al principio pensé que sería una oportunidad para solucionar algunos de los temas que surgían en el taller —explica Wayne—. Las cosas no salieron tal y como yo imaginaba, aunque ahora pienso que salí ganando. Rob nos hablaba sobre todo de nuestra escala de valores y de todas las cosas que podemos hacer cuando nos olvidamos un poco de nosotros mismos.

Rob también aprendió de ellos. «Creo que el hecho de intentar averiguar lo que pensábamos cada uno de nosotros y de analizar las situaciones con las que nos enfrentábamos nos ayudó a todos a descubrir lo que teníamos en común», explica.

—Antes, creo que me asustaba decir lo que realmente sentía. No sabía cómo se lo tomaría la dirección, y me daba miedo perder mi trabajo —cuenta Wayne—. Sin embargo, cuando me siento a hablar con Rob, tengo la impresión de que puedo decir todo lo que pienso, sin tapujos.

Wayne decidió recuperar algo que siempre había llevado dentro. «Me esforcé como nunca para ser más expresivo y hacer saber a los demás que apreciaba los detalles pequeños que tenían conmigo y que hacían la vida un poco más fácil, divertida o feliz», recuerda. Y se unió al comité cultural para encontrar maneras de organizar a los empleados. Una de sus ideas fue la tarjeta de agradecimiento.

El día que las tarjetas llegaron al concesionario, Al Utesch decidió hacer algo con unos arbustos rebeldes que crecían en el ala sur del salón de exposición y ventas. Todo el mundo se había quejado de su aspecto. A pesar del bochorno, Al se entretuvo en podar las ramas. Al regresar a su despacho, descubrió una tarjeta que iba dirigida a él. Decía: «*Gracias. ¡Hoy has hecho algo especial*».

La tarjeta provenía de Wayne. «Aunque resulte extraño imaginar a un grupo de hombres en un taller repartiéndose tarjetas, me alegró el día», cuenta Al.

Wayne sabía que el viaje no sería fácil y sabía que, igual que los demás, hallaría muchos baches. La diferencia es que ahora tenía una idea clara de lo que *podía* ser su puesto de trabajo.

En su tiempo libre, Wayne trabaja como voluntario en el equipo de buceo del sheriff del condado de Olmsted explorando pantanos, lagos y ríos en busca de personas desaparecidas o pruebas. En cierta ocasión tuvieron que buscar a un niño de trece años, al que se había visto por última vez nadando en un estanque.

—Pasamos todo el sábado buscando pero el agua estaba muy turbia y decidimos suspender la búsqueda a medianoche —recuerda—. Nos sentimos fatal. Seguimos buscando el domingo y nada. Por fin, el lunes, encontramos el cuerpo. Yo sólo podía pensar en lo afortunado que era porque esa noche podría arropar a mi hijo pequeño.

Esa semana, durante la reunión con el servicio de reparaciones, Rob se inspiró en el equipo de buceadores para hacer una metáfora del trabajo y la vida. «Decía que no buceamos en aguas turbias donde no sabemos lo que vamos a encontrar porque sea fácil —explica Wayne—. Lo hacemos porque sabemos que al final, las cosas que hacemos diariamente son especiales.»

CADA DÍA UNA COSA

En la primavera de 2001, el concesionario de Ford Toyota en Rochester no había hecho más que poner en marcha su nueva filosofía. «Hay muchas personas embarcadas en el proyecto, pero la lucha es constante —cuenta Brian Kopek—. Hay días en que la gente nos llama para decirnos que seguimos igual que antes. A veces, funciona y a veces, no. Así pues, tenemos que seguir adelante con mucha paciencia, tolerancia y comprensión.

No obstante, los empleados de Ford Toyota en Rochester han dado pasos importantes. En cada una de las cinco áreas de su filosofía —entusiasmo del cliente, satisfacción de los empleados, rentabilidad, competitividad y mejoras continuas— los progresos eran obvios.

La valla publicitaria del concesionario con la pregunta: «¿Ha probado nuestro pescado?» llevaba colocada un año y Rob, igual que muchos directivos que saltan de una «solución» a otra, pensó que era hora de cambiarla. «Para mí, *FISH!* se había convertido en una asignatura pendiente —explicó—. Era como decir: "Bien, ahora nuestros empleados tienen una idea más clara del rumbo que queremos tomar. Podemos dar la asignatura por aprobada. Hora de pasar a otra cosa".»

Pero al plantear la creación de un nuevo eslogan publicitario, los jefes de los departamentos le miraron como si se hubiera vuelto loco. «¿De verdad crees que hemos asimilado la filosofía y comprendemos verdaderamente la importancia de elegir nuestra actitud?», preguntaron.

—No, no todos los días.

—¿Y crees que hemos adoptado la filosofía de vivir realmente en el presente, sin temer al pasado o al futuro? ¿Piensas siempre que estamos presentes cuando los demás nos necesitan?

—No siempre... todavía no —replicó Rob.

—¿Opinas que hemos entendido del todo la energía real que obtendremos de la vida cuando nos olvidemos de nosotros mismos y ayudemos de verdad a los demás?

—Creo que... no.

—¿Dirías que nos encontramos en un ambiente donde los juegos constituyen una extensión natural de una filosofía en que la confianza y responsabilidad desempeñan un papel importante?

—No.

—¿Y estás listo para pasar a otra cosa?

—Bueno, pues, en realidad... no —respondió Rob—. Yo... bueno... lo que quería decir es que si alguna vez pensamos en dar otro paso hacia delante...

El concesionario de Ford Toyota cambió finalmente la valla publicitaria por otra que decía: «Hemos ido de pesca» y citaba cuatro puntos: «1) Juega (¡pásalo bien!), 2) alégrales el día (¡haz algo especial!), 3) está presente (¡aquí y ahora!) y 4) escoge tu actitud (¡toma una decisión!)».

—Gracias a sus comentarios, recuperé el rumbo rápidamente. La disciplina no me emocionaba pero vivir nuestro proyecto, vivir la Filosofía FISH! requería practicar el arte de la disciplina. Tengo fe en la escala de valores y en las personas que se rigen por ellos. Sin embargo, como ser humano y como escéptico que soy, me pregunto: «De acuerdo, ya sabemos que ha funcionado hasta *ahora* pero, ¿qué *más* deberíamos hacer?

»La respuesta es que no hay realmente nada más que hacer, salvo seguir trabajando en nuestra visión y en nuestra escala de valores todos los días.»

Pequeños bocados

Tú podrías ser el próximo
El comité de juegos de un departamento de sistemas de información organiza muchas actividades lúdicas. Empapeló algunas paredes e invitó a los empleados a realizar sus propias pintadas (sólo estaban prohibidas las obscenidades). También patrocinó un concurso de decoración del huevo de Pascua y otro que consistía en reconocer al bebé de la foto. Pero el evento más memorable tiene lugar una vez cada pocas semanas cuando un empleado entra en su despacho y lo encuentra decorado. Entonces descubre que ha sido elegida «persona del día». Nadie salvo el comité de juegos conoce el nombre del que será el próximo homenajeado.

¿Qué mejor manera de recordar la importancia de alegrar el día a otra persona que ser precisamente tú esa persona?

Un calmante para el 15 de abril
¿Quién no encontraría irresistible una gestoría que regala aspirinas? Al llegar la época de hacer

la declaración de la renta, la gestoría se esfuerza al máximo por hacer sonreír a sus clientes, incluso a los que les sale la declaración positiva. Todos los empleados visten de manera informal para quitar hierro al asunto, regalan caramelos y juguetes a los niños y hasta los perros son bienvenidos en la oficina. También ofrecen cerveza o vino a los clientes para aliviar sus penas —es una broma, pero suele provocar sonrisas—. En esta diminuta oficina sólo trabajan tres personas y algún empleado temporal, pero cada primavera ayudan a presentar más de 2.000 declaraciones en menos de diez semanas.

«Las ruedas del autobús dan vueltas y vueltas...»

¿Recuerdas cuando cogías el autobús escolar para volver a casa? El conductor no te hacía ni caso y tú rezabas para que los bravucones de la clase tampoco te lo hiciesen. Veamos qué hace el supervisor de la seguridad y transporte escolar de un gran distrito metropolitano de Colorado para que los viajes sean divertidos y memorables.

Siempre que conduce un autobús escolar saluda a todos los estudiantes que suben al vehículo. De vez en cuando, para a algún niño o niña y le pide que le enseñe su pase —en ese distrito no hay pases— tan sólo para ver su reacción. Cuando los niños responden que no tienen pase, replica: «Vale, entonces puedes sentarte y pasarlo bien».

Cuando el autobús está casi lleno, le dice a los niños que canten el *Cumpleaños feliz* al siguiente niño que suba al autobús. La reacción es siempre muy divertida. A veces pregunta a los estudiantes qué número de zapato calzan y si estarían dispuestos a cambiarse los zapatos con él durante un día.

El conductor asegura que a los escolares les divierte este tipo de humor. Y es una manera de hacerles saber que repara en ellos y le interesan. Los escolares rara vez son indisciplinados y lo pasan muy bien en su limusina amarilla para setenta y siete pasajeros.

¡Otra historia de conductores de autobuses escolares!
Una empresa de 140 empleados encargada de contratar conductores de autobuses escolares tenía por costumbre no dejar que asistieran niños a las entrevistas. Un día, el jefe de contratación recibió la llamada de una madre que quería hacer una entrevista para el trabajo de conductora de autobús escolar pero no tenía con quién dejar a sus dos hijos. El jefe de contratación dijo: «¡Me encantan los niños! ¡Tráigalos con usted!».

La entrevista salió tan bien que la entrevistada comentó: «Una empresa a la que le gustan tanto los niños tiene que ser un buen lugar para trabajar». La selección de empleados y su conservación son dos de los grandes retos a los que se enfrentan las empresas; y para tener éxito se necesitan personas dispuestas a saltarse las normas, tal y como hizo este jefe de contratación.

Arropar al cliente

Alegrarle el día a otra persona se resume, a menudo, en poner en marcha el factor sorpresa. En una óptica, una empleada conversaba con una mujer mientras el marido de ésta se hacía una revisión. La mujer mencionó que pasaba mucho tiempo cosiendo ropa para sus nietos pequeños. «Yo también he hecho mucha ropa para los demás —comentó la empleada—. Tengo un jersey de lana desde Navidades que me encantaría regalar. A la clienta le gustó la idea pero no creyó que la empleada de la óptica hablara en serio. Sin embargo, al cabo de poco tiempo recibió por correo un paquete con el jersey de regalo.

Un pequeño lazo rojo

Los días siguientes a la tragedia del 11 de septiembre de 2001, en la mayoría de los puestos de trabajo reinaba el silencio. Muchas personas, sobre todo aquellas que vivían lejos de Nueva York o de Washington D. C., se preguntaban qué podían hacer para ayudar. Muchos donaban sangre y dinero.

Al día siguiente de los ataques, P. J., una de nuestras compañeras, fue a comer a un restaurante de comida rápida. Al entrar, le saludó la encargada del establecimiento que sostenía en la mano un carrete de cinta roja. La mujer cortó un trozo de cinta, hizo un lazo con él y preguntó a P. J. si podía prendérselo con un alfiler. P. J. presenció cómo la encargada repetía la operación con docenas de personas, (oficinistas, universitarios y trabajadores de la construcción). Por un momento una multitud de personas, que en otro momento habrían entrado y salido rápidamente del establecimiento sin apenas reparar unos en otros, establecieron una conexión entre sí.

Código «Pez al agua»

¿Recuerdas el hospital que decidió incluir la diversión en su escala de valores? Cuando dan de alta a un paciente, activan el código «pez al agua», que significa que el paciente vuelve a «nadar» por sí mismo. Los médicos y enfermeras de la planta se reúnen para darle una gran despedida en la que no faltan los abrazos ni, casi siempre, las lágrimas.

Dejar que disfruten

Harry Paul tiene un hijo que juega al béisbol. Al final de la temporada es costumbre dar alguna sorpresa apetitosa al equipo. Su esposa Mary preparó un delicioso bizcocho de chocolate recubierto de una crujiente capa también de chocolate y Harry se ocupó de llevarles el pastel, junto con platos, cubiertos y servilletas de papel.

Cuando acabó el partido y los jugadores, sudorosos, todavía con el uniforme puesto, formaron un círculo para recibir su sorpresa, Harry les miró primero a ellos, luego a los platos de plástico que sostenía en una mano y dijo: «Podemos cortar el pastel en pedazos iguales y servirlo en los platos con los cubiertos y las servilletas o... podemos hincarle el diente tal cual».

Los jugadores respondieron: «¿Que si queremos comerlo con platos, cubiertos y servilletas?... ¡Nooooooo!»

Doce pares de manos se abalanzaron sobre el pastel. A continuación, mientras Harry recogía las migas del bizcocho, once chicos y una chica perseguían al entrenador por todo el campo de juego, deseosos de compartir su buena suerte con él.

Tercera parte:
ESTAR PRESENTE

Por muy atareado que estés, intenta «estar presente» para los demás.

En el mercado de pescado de Pike Place, los trabajadores han aprendido que los clientes quieren que se les preste toda su atención cuando les atienden. Gran parte de la magia del mercado radica en que los pescaderos están siempre presentes en lo que hacen.

¿Cuánto avanzas realmente cuando estás haciendo una cosa pero pensando en otra? ¿No sería mejor hacer las cosas por orden? Cuando estás presente —sin pensar en las cosas que ocurrieron en el pasado o preocupado por las que puedan ocurrir en el futuro—, tu predisposición a captar las oportunidades que se presentan y las necesidades de las personas con las que te relacionas se acrecienta. Ganas una perspectiva más positiva y la capacidad de disfrutar de un mayor grado de creatividad y concentración.

No existe otro trabajo donde estar presente sea tan importante como en el sector sanitario. Intentar ofrecer el mejor servicio a los pacientes y, simultáneamente, reducir costes y afrontar cambios constantes, es probable que el resultado sea una atmósfera laboral estresante. Esa es la razón por la que este campo ofrece lecciones importantes para todo tipo de empresas y situaciones.

«Estar presente» significa estar totalmente presente, *sobre todo* cuando te comunicas con otra persona. Si resulta que esa persona se siente vulnerable, tu habilidad para estar presente tendrá efectos tanto positivos como curativos. Los pacientes de los hospitales y clínicas, los residentes de geriátricos o de hogares para personas discapacitadas, y los niños, comparten todos ellos un nivel alto de vulnerabilidad. La capacidad de estar presente a la hora de atender a cualquiera de estos grupos constituye seguramente la cualidad más valiosa de la asistencia médica. Si te cabe la más mínima duda, trata de recordar cómo te sentiste la última vez que alguien te prestó su total atención.

PAPÁ

Hace unos años mi padre sufrió un derrame cerebral. Ahora vive en una residencia para la tercera edad. Aunque es incapaz de valerse por sí mismo y no puede hablar de una manera inteligible, comprende todo lo que se le dice.

No es fácil trabajar en un hogar de ancianos. El trabajo puede resultar desagradable y deprimente, y no está bien pagado. De ahí que los geriátricos de Minneapolis sean el primer destino laboral para muchos de los nuevos trabajadores que llegan a la ciudad. Sin lugar a dudas ese es el caso de la residencia donde reside mi padre. Una mañana, una cara nueva apareció en la habitación para atenderle aquel día. Mientras la asistenta aseaba y vestía a papá, conversó con él de una manera que le hizo sentirse el centro del universo. El hecho de que las palabras de mi padre no fueran inteligibles, no parecía molestarla lo más mínimo. El semblante de mi padre se iluminaba mientras ella le hablaba.

He visto entrar a otras personas en la habitación de mi padre, la mayoría vestidas con un uniforme blanco y he observado cómo realizaban sus tareas rutinarias sin dejar de hablar con sus compañeras en los pasillos. Cuando entraban en la habitación, podía ver cómo papá se ponía tenso. En tales situaciones, papá era capaz de decir una o dos palabras bastante claras.

De manera inconsciente, estos profesionales trataban a papá como si fuera una persona con necesidades únicamente físicas, por lo que se limitaban a realizar las tareas indispensables y nada más. La nueva asistenta realizó las mismas tareas igual de bien que las demás pero se guió por la sabiduría; tuvo en cuenta que mi padre también posee un alma y un espíritu. Así, cuidó de él comportándose de una manera especial y atendiendo no sólo a sus necesidades físicas.

¡NO TENGO TIEMPO!

Carr Hagerman, un brillante orador que trabaja en ChartHouse Learning, conversaba con un grupo de enfermeras cuando una de ellas exclamó en voz alta que no tenía tiempo para esas cosas. No daba abasto, dijo. Otra enfermera intervino rápidamente: «Me parece que no estamos hablando de hacer nada extra, sino de decidir *quiénes* somos mientras llevamos a cabo las tareas que tenemos que hacer de todas maneras. Cuando estamos con un paciente, podemos estar *físicamente* presentes o *totalmente* presentes. Para el paciente la diferencia es considerable. Además, de todas las cosas que nos distraen mientras atendemos a un paciente, ¿cuántas acaban hechas? ¿Por qué no estar completamente presentes en las cosas que tenemos que hacer de todos modos?

Las enfermeras permanecieron sentadas en silencio meditando las sabias palabras de su

118

compañera y luego emprendieron una discusión acalorada sobre la importancia de estar allí para los pacientes, en el plano físico, emocional y espiritual, y convinieron que éste había sido el papel tradicional de las enfermeras.

A continuación conoceremos la historia de un notable grupo de profesionales sanitarios que han transformado una parte del sistema hospitalario en el que trabajan, dedicándose con devoción a la idea de estar allí, física y mentalmente, para sus pacientes y entre ellos.

El don de estar presente:
Centro Médico Baptista de Missouri

Shari Bommarito, enfermera titulada, eligió esta profesión porque quería estar presente para los demás tanto física como emocionalmente. «En cierta ocasión cuidé a un paciente con un cáncer terminal —explica—. Su esposa no soportaba verle sufrir y quería apagar el respirador artificial, pero no quería decírselo. El marido deseaba apagar el respirador artificial pero pensaba que tenía que seguir luchando por el bien de su esposa».

»Por aquel entonces disponía de tiempo suficiente durante mi turno para hablar con ellos y aclarar la situación. Me senté con ellos y les dije: "Deberían decirse realmente lo que piensan". Estaban cogidos de la mano cuando corrí la cortina. Finalmente ella salió y dijo: "Está preparado para morir".

En ocasiones el trabajo de enfermera brinda momentos muy intensos; en otras, se limita a dar pastillas y cambiar cuñas, pero *siempre* implica estar muy presente para la gente que te necesita.

Si bien la atención médica ha mejorado enormemente desde el punto de vista técnico y las enfermeras y enfermeros están mejor preparadas, las oportunidades de atender las necesidades emocionales de los pacientes han disminuido. El tiempo que antes se dedicaba a estar con los pacientes, ahora se emplea en controlar la tecnología. Aunque la estancia de los enfermos en el hospital se ha reducido, la lista de tareas que se deben realizar en ese tiempo ha aumentado.

—Coger la mano de un paciente ocupa el último lugar de la lista —explica Shari—. Si lo haces, genial; pero si no lo haces, tampoco pasa nada.

«LO ODIO»

Un día de calor sofocante del verano de 1999, Shari se encontró atrapada en uno de los atascos diarios de tráfico. Tenía los nudillos blancos y le dolía la cabeza. Hacía poco tiempo que se había divorciado; a uno de sus hijos le habían diagnosticado asma y no le quedaba más remedio que trabajar de nuevo la jornada completa. Tener que separarse de sus hijos hacía que la hora de viaje al trabajo resultase incluso más frustrante. «Odio esto», se dijo, y entonces le vino a la mente un nombre, el Centro Baptista de Missouri.

En aquel momento, Shari trabajaba como

formadora del equipo de enfermería clínica en el hospital Barnes-Jewish, en San Louis, Missouri. El Barnes-Jewish es uno de los mejores hospitales del país (*U.S. News* y *World Report* lo situaron en séptima posición en el año 2000), y el sostén de BJC HealthCare, el sistema sanitario más importante de la zona. «Es un centro de alta tecnología y alta velocidad —explica Shari—. Allí ves cosas que no ves en otros hospitales.»

El Centro Médico Baptista de Missouri, situado al oeste del condado de Saint Louis, se había unido recientemente al BJC HealthCare. Era más pequeño que el Barnes-Jewish, a pesar de que los departamentos de oncología, cardiología y ortopedia gozaban de excelente reputación y el número de nacimientos en el hospital se había cuadriplicado en los últimos dos años. El Centro Baptista de Missouri se encontraba a cinco minutos de la casa de Shari.

Aunque a Shari le parecía que el Barnes-Jewis era el centro del universo y dudaba de si debía abandonarlo, realizó una entrevista en el Centro Baptista de Missouri y la contrataron como formadora del equipo de enfermería. Su trabajo consistía en asegurarse de que la plantilla de enfermeras y enfermeros contara con los recursos necesarios para llevar a cabo su cometido de manera competente.

El primer día fue a trabajar «muerta de miedo», pero durante el recorrido que hizo por el edificio, casi todas las personas con las que se cruzó le sonrieron, la miraron a los ojos y la saludaron. Al principio, Shari se sintió un poco incómoda. En el Barnes-Jewis, los interminables pasillos estaban abarrotados de gente con prisas y parecía que nunca había tiempo para saludar a nadie.

—Aquí la gente casi es *demasiado* amable —le comentó riendo a su guía.

—A eso aspiramos —le contestó la guía—. Procuramos pararnos para ayudar a la gente que parece perdida, saludar a los demás, sonreír, ser amable.

—¡Genial!, eso lo puedo hacer —pensó Shari. Más tarde, durante la comida, una enfermera le preguntó dónde iba a trabajar.

—En la quinta planta, neurología y nefrología.

—¡Oh, no! ¿Te ha tocado esa planta? —comentó la enfermera.

El nerviosismo de Shari reapareció. «No puedes decir algo así a una persona en su primer día de trabajo —pensó—. ¿Dónde me he metido?»

Después de comer Shari subió a la quinta planta. La supervisora de la unidad, Hilda Van-

Natta, le dio la bienvenida cordialmente. Hilda cogió sus manos entre las suyas. «Me alegro de que estés aquí», dijo. Shari asintió con la cabeza. «Hilda parece cansada», pensó en silencio.

SINTIENDO LA PRESIÓN

El Centro Baptista de Missouri tenía fama de contar con un equipo de enfermería muy compasivo. «Siempre ha habido gente muy generosa en esta planta —dice Hilda—. El Día de Acción de Gracias, después de acabar su jornada, dos de mis empleadas se fueron a casa y regresaron al hospital con una cena especial que habían preparado para una mujer que no tenía familia. Lo dejaron todo para celebrar la fiesta con ella.»

Pero, hasta las personas más bondadosas sienten la presión de trabajar en una planta como neurología y nefrología. «Cuidamos a pacientes que han sufrido derrames cerebrales, esclerosis múltiple, tumores cerebrales o ataques epilépticos. Algunos han sido intervenidos —explica Hilda—. Los pacientes renales son complicados porque el fallo de los riñones les causa muchos otros problemas. Muchos vienen cada seis semanas para someterse a diálisis.

»Hace unos años, muchos de estos pacientes habrían estado en la unidad de cuidados intensivos —explica Cathy Flora, enfermera titulada y jefa de enfermería de la planta de neurología y nefrología—. Ahora la preparación técnica de la plantilla es mucho mejor y disponemos de la tecnología adecuada para atenderles en esta planta.»

Casi todos los pacientes con dolencias neurólogicas o renales están tan enfermos y débiles que no pueden sentarse ni levantarse solos. Se necesitan dos o tres enfermeros para levantarles, moverles e incluso para darles de comer. «Dado que algunos pacientes deben estar aislados, tienes que ponerte una mascarilla, guantes y una bata cada vez que entras a verlos —explica Shari—. Una vez dentro, si te hace falta algo, le pides a otra persona que te lo traiga para no tener que quitártelo todo otra vez, salir a buscar lo que necesitas, y volverte a vestir antes de entrar de nuevo. Por eso confiamos mucho los unos en los otros».

En el otoño de 1999, el número de tareas iba en aumento y parecía que el tiempo se reducía. «La mentalidad era: "Primero he de acabar mis tareas antes de ayudar a los demás" —cuenta Shari—. Era normal cruzarte en los pasillos con compañeros que buscaban a alguien que les ayudara. Cuando alguien echaba una mano a otro, no recibía muestras de agradecimiento ni aprecio. Pensaban: "Hace su trabajo; ¿por qué tendría que agradecérselo?".»

Sharon Sanders, una enfermera recientemente titulada, sabía que sus compañeros de trabajo eran bondadosos. «Me parecía que no siempre se mostraban generosos ni se apoyaban entre ellos —cuenta—. Muchos sólo veían el lado negativo de las cosas, aunque no siempre. A veces, me desanimaba mucho cuando visitaba la planta. Eso sí, al llevar poco tiempo de enfermera, me decía: "Supongo que el mundo real es así".»

COMO PEZ EN EL AGUA

Hilda y Cathy estaban de acuerdo en que la plantilla necesitaba desesperadamente ayuda para mejorar el trabajo de equipo. Antes de planificar su formación, Shari Bommarito pidió a la plantilla que reflexionara sobre su actuación en seis áreas: trabajo en equipo, actitud positiva en el equipo, comunicación, apoyo mutuo, satisfacción con el trabajo en equipo y grado de opinión dentro del equipo.

Sólo el 30 por ciento consideraba que el trabajo en equipo tenía un peso importante. Solamente un tres por ciento creía que existía una buena comunicación entre los compañeros y únicamente un 25 por ciento opinaba que los miembros del equipo se apoyaban mutuamente, y que existía una actitud positiva y un alto grado de satisfacción en el sí del equipo. Tan sólo un

15 por ciento estaba convencido de que su opinión era importante para el equipo.

En otras palabras, sólo entre el 15 y 30 por ciento de la plantilla estaba satisfecha con su trabajo. Hilda estaba dispuesta a contemplar casi cualquier solución. Shari propuso una bastante original, la Filosofía FISH!, que había aprendido en el hospital Barnes-Jewish. «Necesitamos trabajar en equipo y yo sabía que funcionaba porque lo había visto con mis propios ojos», comenta Shari.

Shari diseñó un folleto con el dibujo de un pez disfrazado de payaso, haciendo malabarismos con estrellas, almejas, cangrejos y un mensaje: «Aquí alguien va a estar como pez en el agua...». Distribuyó los folletos por toda la planta y dio a la gente unos días para intentar adivinar de qué se trataba aquello. Seguidamente, invitó a todas las personas que trabajaban en la planta (enfermeras y enfermeros, ayudantes de enfermería, médicos y personal de limpieza) a aprender en qué consistía la Filosofía FISH! Y lo más importante: mencionó que además de la charla habría tarta de queso de fabricación propia.

Organizó reuniones con grupos de diez personas, que se llevaban a cabo justo antes o después de los turnos. Shari enseñaba un vídeo de

Pike Place a los grupos y les explicaba lo que hacen los pescaderos todos los días: estar presentes y en sintonía con las necesidades de los clientes, hacer algo especial por los demás, responsabilizarse de su actitud incluso en los días más difíciles y buscar maneras de pasarlo bien en el trabajo, lo cual coincide precisamente con el trabajo de enfermería.

Señaló a Justin, un pescadero joven que al ser preguntado sobre su actitud positiva, contestó: «No es más que una elección».

—¿Habéis oído lo que ha dicho? —preguntó Shari—. Es un joven de veinticuatro años que ha elegido cambiar la vida de las personas que le compran pescado. Y si él puede hacerlo, nosotros también podemos cambiar la vida de aquellas personas que padecen enfermedades o que están a punto de morir.

Luego Shari les habló de sus desplazamientos en coche de casa al trabajo y viceversa. Era temporada de obras, algunos carriles estaban cortados y el tráfico era tan denso que resultaba casi imposible circular. «En el camino de vuelta a casa, me detengo en todas las gasolineras y dejo que otros vehículos me adelanten. Los conductores me lo agradecen con gestos y sus hijos me lanzan besos. Me alegro por ellos porque sé lo que es esperar».

»Esa es la idea. Tomarte tiempo y dedicárselo a los demás. Tener un detalle con alguien. Y cuando te lo agradecen, te sientes tan bien que te entran ganas de repetir.

»No todo el mundo quedó convencido. Una enfermera que estaba segura de que se trataba de otro programa diseñado para exprimir aún más a los empleados, comentó: "¿Qué quieren ahora de nosotros?"

»No quieren nada —respondió Shari—. Quieren que disfrutes lo que haces por los demás. Quieren que te diviertas y no pienses en abandonar. ¿Qué quieres tú?»

La enfermera guardó silencio. «Yo quiero lo mismo», dijo finalmente.

EL GRAN REGALO DE UN PEZ

Al final de cada reunión, Shari regalaba un pez de plástico a cada uno de los asistentes. Los había encontrado en un catálogo de novedades y había hecho una ranura en la cola de los peces para poderlo colgar de la placa distintiva que llevan todos los empleados.

—Cada vez que alguien tenga un detalle con vosotros, regaladle vuestro pez —explicó a la plantilla—. Y no os preocupéis por los peces, porque tengo de sobra.

En poco tiempo, la plantilla se acostumbró

a regalarse peces. Cuando alguien se sentía abrumado, los compañeros de trabajo le decían: «Déjame que te ayude con este tratamiento». El personal de limpieza se ofrecía a ayudar a las enfermeras a dar de comer a los pacientes cuando no había nadie más disponible. La gente se hacía favores en los descansos. «En lugar de ir cada uno por su lado, empezamos a sentirnos parte de un equipo que trabajaba unido», explicaba Cathy.

Un día que Shari fue a la cafetería, se fijó en que la cajera llevaba un pez. «No sé para qué sirve pero me lo ha dado una enfermera —le explicó la cajera—. Me ha dicho que había sido muy amable.»

—¿Por qué no se lo regalas a alguien que haya tenido algún detalle bonito contigo? —se le ocurrió sugerir a Shari.

La cajera asintió con un gesto de la cabeza. «Buena idea», contestó.

Según Sharon Sanders, el pez de plástico era una forma de romper el hielo. «A veces los adultos tenemos dificultades para decir: "Has hecho un buen trabajo" o "Gracias por lo que has hecho por mí" —explica—. La gente no está acostumbrada a decirse ese tipo de cosas. Ahora lo hace.»

El pez expresa también un reconocimiento

instantáneo de lo que haces. «Las enfermeras desarrollan tareas diferentes —explica Cathy—; quieren y necesitan oír elogios concretos por cosas concretas.»

Los que ayudaban a los demás porque querían conseguir su pez de plástico no tardaron en descubrir cuál era la verdadera recompensa. «Alegrar el día a alguien no consiste sólo en ser agradable —dice Shari Bommarito—. Se trata de olvidarte de ti mismo y hacer algo por otra persona. Funciona como las endorfinas; te hacen sentir tan bien, que quieres más.»

Y mientras tanto, los empleados descubrieron cosas que no sabían de los demás. «Había una secretaria que me intimidaba un poco —cuenta Shari—. Pero estaba muy equivocada sobre ella. No dudaba en dejarlo todo para hacerte un favor. La gente empezó a regalarle peces y ella los coleccionaba. Enganchó un pez con otro y, en poco tiempo, confeccionó una cadena de peces que medía más de medio metro.»

JUGAR MIENTRAS ESTÁS ENFERMO
Las enfermeras también regalaban peces a los pacientes. «Si los pacientes refunfuñaban un poco, les regalaba un pez y les decía: "Toma. Aquí tienes un amigo para que te pongas contento" —cuenta Sharon Sanders—. Un hombre tenía

una ristra de seis o siete peces, que acabaron accidentalmente en la lavandería. Se sintió muy contrariado y los reemplazamos a toda prisa.»

Carol Johnson, enfermera titulada, regaló un pez a un paciente que aquel día se había esforzado extraordinariamente en su terapia. «Reaccionó como si le hubiera regalado un millón de dólares», dice.

También reaccionaron bien los pacientes que menos esperábamos. «Teníamos una paciente de diálisis que se encontraba realmente muy deprimida —cuenta Cathy—. Es un problema que padecen muchos de nuestros pacientes, pero esta mujer era joven y tenía hijos en casa. Le sobraban razones para vivir, pero estaba a punto de rendirse. Se quedaba todo el día en la cama y no hacía nada más.

»Hilda y yo empezamos a regalarle peces para que participara en el tratamiento. Primero le regalamos un pez de plástico y luego otro de peluche. Poco después empezó a levantarse de la cama y cuando hacía progresos sin ayuda de nadie, empezó a pedir peces como recompensa. No sé qué la impulsó a cambiar de actitud, pero los peces tuvieron algo que ver. Hablaba mucho de ellos y se los enseñaba a la gente que venía a visitarla.

Paralelamente, Shari Bommarito reparó en

que las enfermeras pasaban más tiempo sentadas junto a los pacientes. «Normalmente, entraban con la ficha en la mano y permanecían junto a ellos —dice—. Pero ahora he visto que se sientan para estar a la misma altura del paciente. Ese pequeño detalle significa mucho, sobre todo para los pacientes de más edad.»

Muchos pacientes empezaron a pedir peces para regalárselos al personal cuando les ayudaran o fueran particularmente amables con ellos. Algunos pacientes y familiares escribieron notas de agradecimiento a las enfermeras, utilizando papel decorado con peces.

Y casi sin que nadie se diera cuenta, aquella planta del hospital, repleta de gente enferma de diversa gravedad, se llenó de sonrisas y juegos. «Yo soy así; me gusta jugar, lo único que tuve que hacer fue mostrarme tal y como soy en el trabajo —explica Sharon Sanders—. En el pasado no me sentía a gusto con esa faceta mía dentro del marco laboral. No me parecía aceptable comportarme de esa manera. Sin embargo, yo creo que deberíamos intentar hacer felices a los demás, desde que nacen hasta el final de sus vidas.»

Sharon sabe muy bien lo importante que es eso. Hace algunos años, a Scott, su marido, le diagnosticaron leucemia. En aquel momento, sus tres hijos eran pequeños. Después de varios años en casa, cuidando de los niños, Sharon decidió hacerse enfermera. «Me han ocurrido muchas cosas muy duras en mi vida, por eso pienso que tenemos que vivir intensamente cada día y disfrutar al máximo —afirma—. No me imagino otra forma de vivir.»

DISPUTARSE LAS PEGATINAS

De vuelta de unas vacaciones de dos semanas en enero de 2000, Shari Bommarito salió del ascensor en la quinta planta, y no vio más que peces por todas partes. Había peces colgando del techo, imanes con forma de peces en las habitaciones de los pacientes y un cartel en la pared que decía: «EQUIPOS DE PESCA».

—Recorrí el pasillo preguntándome qué había pasado —cuenta—. Y al abrir la puerta del despacho de Hilda y Cathy, me las encuentro riendo. Hablaban de los preparativos para la visita de los representantes de la Comisión Conjunta para la Acreditación de Centros Médicos.

—Teníamos una lista con unos doscientos puntos, y no tenía claro cómo hacerlo —explica Hilda—. La idea me vino una mañana, mientras leía en la Biblia el capítulo donde Moisés no sabía qué hacer para conducir a los israelitas a la Tierra Prometida y su suegro, Jetró, le sugería que formara equipos y que lograra que todo el mundo se involucrase. Hilda y Cathy organizaron diferentes equipos. Cada equipo estaba compuesto por ocho o nueve personas, incluido un médico. Todos los equipos nombraron a un capitán y se pusieron el nombre de un pez. Entre los nombres escogidos había los de Barracudas, Espigas púrpuras, Angelotes, Pirañas y Meros nocturnos.

Hilda y Cathy lanzaron un reto amistoso. Los equipos que concluyeran ciertas tareas, por ejemplo, concluir una memoria de sus actividades imprescindible para lograr su acreditación, recibirían pegatinas. Al cabo de tres meses se celebraría una fiesta en honor del equipo que hubiera acumulado más pegatinas y se repartirían los premios.

Para ayudar a los equipos en su formación, Hilda y Cathy organizaron concursos. Uno consistía en hojas de papel cortadas en forma de pez con preguntas diversas relacionadas con la atención médica a los pacientes. Si el personal de la planta contestaba a las preguntas en la parte inferior del formulario, el equipo acumulaba puntos que se canjearían por pegatinas. Los equipos competían entre sí para hacer carteles que ayudaran a sus compañeros a aprender lo necesario sobre medicaciones poco frecuentes. De esa manera, no sólo acumulaban pegatinas, sino también conocimientos que les ayudarían a prestar una atención médica más completa y eficiente a los enfermos.

—Los equipos de pesca descubrieron muchas maneras de mejorar —cuenta Shari—. Uno de los médicos se quejaba de los enfermeros no anotaban los niveles de azúcar en sangre de sus pacientes en el lugar correcto, y tenía que perder tiempo buscándolos. Uno de los equipos preguntó al médico si podría utilizar una foto suya —el médico tenía sentido del humor—. Pegaron la foto encima de una cartulina donde habían dibujado al rey Neptuno, y debajo se leía: *¡Por favor, registra los niveles de azúcar en sangre en el lugar apropiado!* A continuación hicieron fotocopias y las distribuyeron por toda la planta. Las enfermeras se rieron pero también empezaron a registrar los niveles correctamente.

Mientras tanto, los juegos dispararon la productividad. «Todos queríamos acumular pegatinas —dice Sharon Sanders—. Éramos como niños. Nos situábamos delante de la tabla de posiciones y decíamos: "Mira, mi equipo tiene siete pegatinas y el tuyo, sólo cuatro".»

EL CLARINETE Y EL DIRECTOR

Cuando Leo Carter, ayudante de enfermería, se enteró de la nueva filosofía que reinaba en la quinta planta, una gran sonrisa se dibujó en su boca. «Dije: Esto es lo que necesitábamos. Sólo nos faltaba darle nombre».

Unos años antes, cuando Leo contaba veintidós años, falleció su padre. «Fue una experiencia extraña —recuerda—. Ojalá hubiera sabido entonces la mitad de las cosas que sé ahora. Pero no hubo nadie que se acercara a mí e intentara calmar mi dolor».

»Cuando se me presentó la oportunidad de trabajar en el Centro Baptista de Missouri y experimenté por vez primera el trabajar con alguien que padecía dolor, vi claro que no podría volverme atrás. Solía trabajar con enfermos de cáncer y aprendí que, en algunos casos, su vida es realmente corta. ¿Por qué vivir esos momentos llenos de recuerdos dolorosos, cuando se podrían experimentar ciertas alegrías?

Leo decidió alegrar a sus pacientes con música. «Cuando un paciente está deprimido, le canto una canción, o le hago mi imitación de Elvis Presley, hasta que se anima. Hace poco tuvimos un paciente que se negaba a comer. Su hija me pidió ayuda porque, en su opinión, su madre confiaba en mí. Me senté al lado de la paciente y me ofrecí a cantarle algunas canciones con la condición de que comiera un poco. La mujer se comió la mitad de la comida que había en el plato. Fue fantástico.

»Disfruto estableciendo ese tipo de comunicación con los pacientes y llevándome bien con los familiares. No hay nada que me haga sentir mejor que oír a un familiar diciendo: "Esta noche podré dormir tranquilo sabiendo que estará usted aquí".»

Sin embargo, para muchos de nuestros pacientes no resulta fácil dormir apaciblemente. «Al ponerse el sol, algunas personas con la mente muy clara y de trato fácil durante el día, parecen perder el sentido de la orientación. Se sienten confusos e inquietos, no saben dónde se encuentran ni tampoco quién eres.»

A veces, estos enfermos intentan levantarse de la cama. «De vez en cuando los sentamos en una silla de ruedas y les llevamos un rato al puesto de enfermería —comenta Leo—. Les decimos que es para que nos hagan compañía, aunque en realidad lo que queremos es vigilarles para que no se caigan.»

Una noche, Leo comprobaba las constantes vitales de un paciente de 90 años, al que no quedaba mucho tiempo de vida. El anciano decía cosas incoherentes, estaba nervioso y trataba de quitarse la aguja intravenosa del brazo. Leo procuró calmarle, pero no podía. Entonces, empezó a cantar en voz baja. Tampoco funcionó. Leo empezó a pensar que tendría que solicitar el permiso del médico para inmovilizar al paciente, aunque eso era algo que nunca le gustaba hacer.

En aquel preciso momento, entró en la habitación Olya Senchenkova, una enfermera titulada. Mientras Leo y Olya discutían lo que deberían hacer, Olya comentó: «¿Sabías que fue director de una orquesta sinfónica?»

—¿En serio? —dijo Leo. Le quedaba una larga lista de tareas que llevar a cabo, pero se quedó pensativo y dijo—: Sabes, tengo el clarinete en el coche.

—Ve a buscarlo. Te sustituiré mientras vuelves.

Leo había tocado el clarinete en la orquesta de la universidad. Su sobrina le había pedido el clarinete y justo acababa de devolvérselo. Leo montó el instrumento y tocó algunas notas durante uno o dos minutos. «Hacía un año que no tocaba —recuerda—. No quería que un gran director de orquesta me lo arrancara de la boca.»

Leo volvió a la habitación e interpretó la primera pieza musical que le vino a la mente, *Pedro y el lobo*, y después la sintonía de *Los Teleñecos*.

A medida que las suaves y melodiosas notas se dispersaban por la habitación, ocurrió algo. El anciano dejó de moverse, cerró los ojos y sonrió. Tumbado de espaldas, levantó los brazos y empezó a moverlos hacia delante y hacia atrás. Posiblemente, en algún rincón de su mente, se imaginaba de pie en una gran sala de conciertos, vestido de chaqué, empuñando la batuta con sus fuertes manos y dirigiendo la orquesta. Al cabo de unos minutos, el anciano dejó caer sus brazos y durmió plácidamente hasta el día siguiente.

Esa fue la única noche que Leo cuidó del director de orquesta, ya que los días siguientes libraba y, a su vuelta, se enteró de que el anciano había fallecido. La familia del director de orquesta dijo que había muerto en paz y que le estaban agradecidos por ello.

DEJAR QUE AFLORE LO MARAVILLOSO

En mayo de 2000, varios meses después de introducir la Filosofía FISH! en la planta de neurología y nefrología, Shari Bommarito repitió la misma encuesta que había realizado cuando entró a trabajar en la quinta planta. El cambio, en particular con respecto al porcentaje de empleados que pensaban que se estaba llevando a cabo un buen trabajo en equipo, fue notable.

	SEPTIEMBRE 1999	MAYO 2000
INDICADOR DE:	TRABAJO EN EQUIPO	TRABAJO EN EQUIPO
Insuficiente	25	10
Suficiente	45	15
Excelente	30	75
INDICADOR DE:	ACTITUD	ACTITUD
Insuficiente	25	15
Suficiente	50	10
Excelente	25	75
INDICADOR DE:	COMUNICACIÓN	COMUNICACIÓN
Insuficiente	15	20
Suficiente	52	15
Excelente	33	65
INDICADOR DE:	APOYO	APOYO
Insuficiente	25	10
Suficiente	50	15
Excelente	25	75
INDICADOR DE:	SATISFACCIÓN	SATISFACCIÓN
Insuficiente	25	15
Suficiente	50	10
Excelente	25	75
INDICADOR DE:	GRADO DE OPINIÓN	GRADO DE OPINIÓN
Insuficiente	33	20
Suficiente	52	15
Excelente	15	65

—En la primera encuesta, cuando pregunté a la gente lo que entendía por un equipo, mencionaron los nombres de equipos deportivos, como los Rams o los Cardinals —cuenta Shari—. Ahora nombraron a sus propios equipos: los Barracudas, los Angelotes...

»Y en lugar de responder: "Lo siento, no puedo ayudarte", la gente decía: "En este momento estoy ocupado, pero acabo enseguida. ¿Puedes esperar?" Ahí radicaba la diferencia. No es que se hubieran convertido en personas maravillosas de la noche a la mañana. Es que no tenían tiempo de ser maravillosas porque no trabajaban en equipo.

»Las enfermeras habían dejado de ser enfermeras. Lo único que hicimos fue decir: "Por eso estás aquí, para pasarlo bien. Dedica unos minutos a *estar* con tus pacientes. Trabajaremos en equipo y haremos el trabajo entre todos".

»Eso fue lo que hizo Leo. Tenía tanto trabajo como los demás, pero encontró tiempo para dedicar unos minutos a un anciano desorientado y tocar el clarinete para él. Y pudo hacerlo gracias a que trabajaron en equipo y Olya cuidó de sus pacientes mientras tanto.

»Y, ahora, si oigo una voz en el pasillo que dice: "Necesito ayuda", me levanto y se la presto, en lugar de quedarme de brazos cruzados en mi despacho. Hay que predicar con el ejemplo.»

SEMBRANDO LA ALEGRÍA

El rumor de lo que ocurría en la quinta planta se propagó rápidamente por el Centro Baptista de Missouri. «Entrabas en el ascensor con tu pez colgando de tu placa y la gente decía: ¡Eh!, tú debes venir de la quinta planta», recuerda Leo.

El premio anual al mejor equipo, concedido por el Centro Baptista de Missouri al grupo de empleados que más se esforzaban para mejorar la atención a los pacientes, recayó en los empleados que trabajaban en la planta de neurología y nefrología. Parte del premio consistía en mil dólares. El equipo ganador entregó la mitad a la familia de uno de sus pacientes como regalo navideño e invirtieron el resto en organizar una fiesta de Navidad.

—Los pacientes y sus familiares nos decían a menudo que veían que lo que hacíamos ayudaba realmente a los pacientes —explica Lori Wright, enfermera titulada y directora del servicio de enfermería.

Enseguida, otras plantas empezaron a interesarse por la Filosofía FISH! «Nuestra planta no se lo tomó muy bien —recuerda Shari—. Queríamos que fuera algo sólo nuestro, pero entonces nos preguntamos: "¿pero acaso no es parte de nuestra filosofía el compartir las cosas con los demás?"» Y de común acuerdo decidieron enseñar a otros todo lo que habían descubierto.

Sin embargo, cuando algunos miembros del personal de quirófano pidieron a Shari que les enseñara su filosofía, ella vaciló. El elevado estrés, la falta de personal y la resistencia a los cambios habían generado un profundo sentido de negatividad entre ellos. Tal y como Shari había temido, durante su presentación algunas personas se sentaron al fondo de la sala y no pararon de hacer comentarios del tipo: «No queremos peces; lo que queremos es más dinero».

A pesar de los comentarios, algunas personas intentaron insuflar un poco más de energía positiva en los quirófanos. Se creó un tablón de noticias donde los empleados podían citar a los compañeros que no dudaban en dejar lo que estaban haciendo para echarte una mano y Nancy Hesselbach, directora de servicios quirúrgicos, compró un pez parlante y lo colgó de la pared.

Hasta que un día alguien robó el pez. Contrariada, Nancy colgó una nota pidiendo a los secuestradores que devolvieran el pez o bien pusieran dinero para reemplazarlo. Los secuestradores dejaron un mensaje en el contestador automático de Hesselbach. Decía: «Tenemos a Billy. Si no atiendes nuestras peticiones, no volverás a verle nunca más». Y, de fondo, se oía balbucir a Billy.

Nancy colgó una cartulina que decía lo siguiente: «Por favor, devolvedme a mi pequeño Billy», y ofreció una recompensa a cambio de cualquier información que condujera al arresto y castigo de los secuestradores. Los raptores respondieron dejando en su mesa una lata de atún y una nota que decía que en eso se iba a convertir su querido Billy.

—Toda la plantilla se involucró en el asunto de Billy —explica Nancy—. Escribieron poemas, canciones y epitafios y se los dedicaron a Billy. Dibujamos la forma de un pez en el suelo con cinta adhesiva y acordonamos el escenario del crimen con una tira de plástico amarilla como las que usa la policía. Todo el mundo se desternilló de risa durante semanas.

Sin apenas darse cuenta, el personal de quirófano, incluidos aquellos que se mostraban más negativos ante la Filosofía FISH!, empezaron a pasarlo bien en el trabajo.

Finalmente, los «secuestradores» pidieron a Nancy que se ocupara de encargar café y donuts para la siguiente reunión de la plantilla. Ella hizo lo que le pedían y poco después encontró un pez parlante parecido a Billy con un esparadrapo en la boca. «Billy ha vuelto pero ya no es el mismo.

146

Ahora es mejor que antes. Gracias por una campaña de éxito», decía la nota que le acompañaba.

A partir de aquel momento, el personal de quirófano organizó reuniones para explorar maneras de mejorar el ambiente laboral. «Sigue habiendo personas que no quieren saber nada del asunto, pero hay otras que intentan introducir cambios —comenta Shari—. Es como si estuvieran aprendiendo a caminar.»

El Centro Baptista de Missouri divulgó la Filosofía FISH! a otras áreas del centro médico. «Todos los centros hospitalarios de este estado tienen dificultades para encontrar enfermeras —explica Sheila Reed, especialista en programas de desarrollo en el Instituto de Enfermería de Clínica. Más que contratar nuevo personal, lo que necesitamos es conservar a nuestros mejores empleados. Sin duda el dinero influye, pero las razones subyacentes por las que la mayoría de las personas están satisfechas con su trabajo se deben a otros factores, como son el ambiente laboral y los compañeros.»

Hasta el verano de 2001, el área de admisión de pacientes fue la última en introducir este planteamiento. «La última vez que entré en su oficina tenían algunos peces encima de los ordenadores —dice Shari— Les felicité por ello. Les expliqué que por eso habíamos decorado nuestra planta con peces. Los pacientes y las visitas preguntan qué significan y los empleados tienen que dar una respuesta satisfactoria. Y cada vez que lo hacen, entienden un poco mejor de lo que se trata. Sólo tenéis que continuar alentándoles.

NADANDO EN LA MISMA DIRECCIÓN

De vuelta a la quinta planta, el trabajo no había cambiado mucho. Continuaba siendo tan cansado, frustrante y emocionalmente agotador como antes. Lo que sí había cambiado era la actitud con la que la plantilla abordaba el trabajo.

—Recuerdo una paciente que padecía una insuficiencia renal y llevaba varias semanas ingresada —explica Shari—. Su familia era amable pero muy exigente. A veces daba la impresión de que su marido esperaba que las enfermeras dispensaran a su esposa más tiempo y más cuidados de los que podían dedicarle. Las enfermeras se esforzaban al máximo para satisfacer sus deseos pero les resultaba prácticamente imposible cumplir sus expectativas.

»Habíamos vivido muchos momentos difíciles con esta familia y sí, habían conseguido frustrarnos en algunos momentos, pero ellos también se sentían frustrados —relata Shari—. Creían que iban a perder a un ser querido y te-

148

níamos que entender por lo que estaban pasando.»

El día en que la mujer iba a ser dada de alta, Shari Bommarito estaba trabajando en su despacho, cuando Hilda asomó la cabeza y dijo: «Corre, sal un momento».

En el pasillo, rodeado por un grupo de enfermeras, se encontraba el marido de la paciente, sujetando una acuarela.

—Lo pinté hace años y nunca se vendió, aunque no entiendo el porqué —explicaba mientras sostenía la acuarela en alto para que la vieran las enfermeras y los enfermeros. En el lienzo había pintados preciosos peces tropicales de muchos colores.

»El nombre del cuadro es *Armonía* —añadió—. Al igual que los peces de esta acuarela, cada uno de vosotros es único. Cada cuál es diferente, tiene un color diferente, proviene de un lugar diferente... pero todos nadáis en la misma dirección. Todos vosotros habéis ayudado mucho a mi esposa, y por eso me gustaría regalaros este cuadro.»

A cierta distancia del grupo, Shari observaba perpleja. «Este es uno de esos momentos que no olvidas nunca —recuerda—. Hilda y yo teníamos los ojos empapados de lágrimas, y yo miraba a las enfermeras y enfermeros y pensaba:

"¿Estáis escuchando lo que os dice? ¿Os dais cuenta de lo que habéis hecho? Algo muy especial. Pensabais que lo que hacíais no era suficiente y, sin embargo, ha sido algo muy especial".»

«UNA ELECCIÓN SENCILLA»

En reconocimiento por haber sido la primera planta que puso en práctica la Filosofía FISH! en el Centro Baptista de Missouri, los miembros de la plantilla recibieron como regalo una chaqueta azul y lila, estampada con peces tropicales. Nadie que no trabajara en la planta podía llevarla.

Mientras tanto, Shari descubrió algo esencial respecto a la Filosofía FISH! «Cuando empezamos, yo sentía casi veneración por los pescaderos de Pike Place. Eran maravilloso, pero, en realidad, no son tan diferentes de nosotros.»

El puesto de pescado de Pike Place cuenta con un nutrido grupo de admiradores conocidos como los Yogures, que aprovechan la hora del almuerzo para ver a los pescaderos en acción. «Leo hizo fotos a toda la plantilla, las recortó en forma de pez e hizo un póster con ellas —explica Shari—. Los pacientes no tardaron en pedirnos que añadiésemos su foto al póster. Nuestro comentario fue: "¡Caramba! ¡Pero si tenemos nuestros propios Yogures!".»

»Un día oí a una de nuestras enfermeras diciéndole a una nueva enfermera en prácticas: "La elección es fácil. Eres tú quien elige estar presente y tener o no un buen día".

»Unos minutos después, al pasar por su lado, le dije: ¡Bien dicho! ¡Los muchachos de Pike Place se sentirían orgullosos.»

Pequeños bocados

La historia de Robbie
Esta historia ocurrió en un banco de sangre. Cada semana desde su nacimiento, Robbie, un niño de cuatro años, acudía al hospital para que le reemplazaran la sangre. Una vez al mes, los padres de Robbie visitaban uno de los siete bancos de de sangre más próximos para dar las gracias personalmente al equipo médico, a los voluntarios y a los donantes por contribuir a que su hijo siguiera con vida. Muchos colocaron la foto de Robbie en sus despachos para que les recordara quiénes debían «ser» mientras atendían a los pacientes. ¿Hay algo que puedas llevar a tu trabajo para que te recuerde que debes «estar presente»?

Doscientas galletas
Mi amigo Harry entró un día en un restaurante de comida rápida y encargó un menú que incluía galletas. Sin embargo, el camarero le preguntó: «¿Le apetecen unas galletas de postre?». Al día siguiente, Harry volvió al mismo restaurante y

encargó el mismo menú, con galletas incluidas, a otro camarero. De nuevo, este le preguntó amablemente: «¿Desea tomar galletas de postre?».

Harry volvió por tercera vez al restaurante y, de nuevo, le atendió otro camarero. En esta ocasión, a Harry le entraron ganas de bromear. Después de pedir el menú, añadió: «Y póngame doscientas galletas». Sin el menor asomo de ironía, el camarero respondió: «Muy bien, señor. ¿Desea tomar galletas de postre?».

Evidentemente, los empleados recordaban lo que tenían que decir, pero ¿estaban realmente presentes cuando lo hacían?

En busca de colorete

Cuando una mujer de avanzada edad entró en la óptica de una galería comercial para preguntar dónde podía comprar colorete, lo más sencillo para la empleada hubiera sido indicarle simplemente cómo llegar a la tienda de cosméticos. Sin embargo, la empleada se ofreció a acompañarla primero a la tienda y luego al coche. La agradecida anciana le respondió con unas palabras que le salieron del alma: «¡Que Dios se lo pague!».

Sentarse con mamá

En diciembre de 2000, la madre de Steve, una mujer de ochenta y cuatro años, se fue a vivir con él y con su esposa. Acondicionaron la sala de estar y el cuarto de baño del primer piso y la acomodaron allí. «Es maravilloso tenerla tan cerca y poder visitarla cuando me apetece —comenta—. No me había sentido tan cerca de mi madre desde que era niño».

Siguiendo el ejemplo de los empleados de Pike Place, Steve aprendió a «estar presente» para su madre. Al principio, llamaba a la puerta, entraba en la sala y permanecía de pie mientras charlaba un rato con ella. Sin embargo, algo fallaba y tardó algún tiempo descubrir el qué. Ahora, cuando visita a su madre, llama a la puerta, entra y se sienta en el sofá. El acto de sentarse le ayuda a estar presente y hace que la visita sea más placentera para ambos, aunque no se quede mucho rato. El acto de sentarse no sólo le sirve para establecer una primera comunicación con su madre, sino también como recordatorio para estar presente en ese momento.

Últimamente Steve ha reparado en una cosa que hace su madre para «estar presente» para él. «Cuando visito a mi madre, si tiene la televisión encendida, coge un lápiz y apaga el botón del mando a distancia porque no puede hacerlo con los dedos. Este gesto demuestra con creces el valor que concede a mis visitas. ¿Cómo no me había fijado antes?»

Gracias por resaltar la importancia

Después de que John Christensen finalizara una de sus conferencias, cinco o seis personas se acercaron a él para continuar hablando de cómo podían aportar más energía a su trabajo. «Intenté escucharles a todos a la vez —recuerda—. Una mujer estaba muy entusiasmada con todo lo que hacía en el trabajo. Escuché lo que me decía y la felicité, pero no la miré realmente a los ojos». Dos días después John recordó lo sucedido. Aprovechando que ella le había dado su tarjeta, la llamó por teléfono, se disculpó por no haber estado presente y le agradeció todas las cosas que estaba haciendo para mejorar la vida de sus compañeros de trabajo. Unos días después recibió una carta de ella. «No se imagina lo oportuna que fue su llamada —decía en la carta—. Pensé que todos mis esfuerzos carecían de importancia; ahora sé que la tienen».

¿Qué es el amor?

Un día, Steve Lundin estaba sentado en su despacho, soñando despierto mientras miraba la foto de su hija Melissa, su yerno Paul y sus dos encantadores nietos. «Estoy muy orgulloso de la manera en que Missy y Paul están educando a sus hijos y de que Mia y Madelaine sean niñas sanas en todos los aspectos —comenta Steve—.

Han creado un hogar lleno de amor. Si pienso en la palabra *amor* y me pregunto qué significa, la respuesta que me viene enseguida a la mente es que mostrar amor a un niño es estar presente cuando estás con él.»

Llevar al perro de pesca

Paul, decano de una universidad, se había convertido por decisión propia en un adicto al trabajo. Sin embargo, un día, después de haber oído hablar de cómo los pescaderos de Pike Place están presentes en lo que hacen, decidió que él también quería estar presente por su bien y por el de sus seres queridos. Visualizó a la persona que más le importaba en la vida, Joyce, y a sí mismo paseando a su perro por la orilla de un lago.

Esa tarde, para sorpresa de sus colegas y familia, Paul abandonó el trabajo a su hora por primera vez en meses y se fue a pasear al perro por la orilla del lago junto con su esposa. Durante el resto del verano Paul no se quedó a trabajar ningún día más tarde de las cinco. Él y Joyce pasearon a menudo y Paul llevó a su perro a menudo de pesca canina (o dicho de otro modo, a rescatar pelotas de tenis del lago).

Un servicio valioso

Todos esperamos que las personas que nos atienden en comercios y restaurantes estén «por nosotros» mientras lo hacen. Pero, ¿y nosotros? *¿Estamos presentes nosotros?* Nuestro compañero Carr Hagerman hablaba por su teléfono móvil mientras la cajera sumaba sus compras. De repente, Carr dijo por teléfono: «Perdona, te voy a colgar porque me están atendiendo».

La cajera miró a Carr a los ojos y dijo: «Gracias, por valorar mi trabajo».

Cuarta parte:
ESCOGE TU ACTITUD

La actitud que tienes ahora es la actitud
que tú has elegido. ¿Es realmente
la que quieres tener?

Desde nuestra primera visita al mercado de pescado de Pike Place, nos impactó el sinfín de conversaciones que escuchamos sobre la importancia de elegir. Los pescaderos de Pike Place hablan continuamente de su elección de estar presentes en el trabajo y de su decisión de pasar siempre un buen día. Suelo preguntarme cómo surgió la idea. Supongo que algunos de los empleados habrán participado, igual que yo, en alguno de esos programas que constan de 12 pasos y, en ellos la elección forma parte del proceso. «Escoge tu actitud» ofrece una base sólida para el desarrollo de esta maravillosa filosofía laboral.

LA HISTORIA DE LA SERPIENTE

Esta historia la oí por primera vez en un seminario que organizó Stephen Covey en 1985. Sé que la historia empezó a circular mucho antes pero era la primera vez que la oía.

Tres estudiantes recién licenciados, dos hombres y una mujer, recorrían el desierto de Arizona cuando una serpiente de cascabel, enroscada en la oscuridad, mordió a la mujer. Los dos jóvenes persiguieron la serpiente, hasta que consiguieron atraparla y regresar con ella. Mientras tanto, la joven estuvo a punto de morir a causa del veneno.

La cuestión es que tarde o temprano, la vida nos pone a prueba y, en cualquiera de los casos, nos obliga a decidir: podemos perseguir serpientes o enfrentarnos al veneno.

En la historia que relatamos a continuación, una empresa de instalación de tejados demuestra de diferentes maneras la fuerza que tienen nuestras elecciones. Quiero resaltar especialmente la buena disposición de sus protagonistas para intervenir en conversaciones, a veces muy difíciles. En resumen, corroboran la siguiente cita:

«El mayor descubrimiento de mi generación es que un ser humano puede cambiar su vida cambiando su actitud.»

—*William James* (1842-1910)

Que llueva cuanto quiera:
Tile Technology
Roofing Company

La temperatura es agradable dentro del camión y el café humea; sin embargo, el ruido del limpiaparabrisas traiciona la realidad de una fría mañana. Los nubarrones grises que envuelven las montañas y cubren el cielo de Tacoma descargan una lluvia abundante, que sería nieve si la temperatura descendiera pocos grados.

Los ocupantes del camión saben muy bien que se dirigen a una trampa: deben llevar un equipo especial para protegerse de la lluvia, pero cargar kilos y kilos de tejas planas durante todo el día les hará sudar para luego acabar ateridos de frío y empapados a cuatro metros de altura.

Russ Vieselmeyer preferiría estar delante de su chimenea pensando en practicar *snowboard*, pero él y su equipo de la empresa de construcción de tejados, Tile Technology Roofing, tienen un trabajo que hacer. Cuando al final del día, coloquen la última teja en su lugar, la lluvia no volverá a penetrar en el hogar de esa familia durante varias décadas.

Mientras descarga el camión, Russ sabe que hoy puede elegir. Mientras las gotas heladas escurren por su cara, Russ saluda efusivamente a uno de sus compañeros, levanta la mirada al cielo y lanza una carcajada.

—¡Venga chicos! —exclama—. ¡Demostradme de qué sois capaces!

ELEGIR SER FANTÁSTICO

La vida es una sucesión de elecciones. A veces no podemos elegir, pero las decisiones que tomamos son las que verdaderamente cuentan.

Doug Vieselmeyer, el hermano mayor de Russ, tenía siete años cuando sus padres se divorciaron. Entonces su madre, Connie, enfermó de lupus, una dolencia que puede hacer que el sistema inmunitario ataque a órganos y tejidos sanos. Connie medía 1,84 m y era de complexión fuerte, pero la enfermedad, mal diagnosticada al principio, la debilitó tanto que no era capaz ni de abrir los botes de papilla para los hermanos pequeños de Doug. «Tenía que ir corriendo a casa de una vecina y pedirle que los abriera ella.»

El lupus aparece y desaparece sin previo aviso. A veces Connie Vieselmeyer pasaba largas temporadas prácticamente sin poder levantarse de la cama. Durante otras, la enfermedad remitía. «Volvió a la universidad, acabó sus estudios y ejerció como profesora de primaria durante algunos años —recuerda Doug—. Después, el lupus volvió a aparecer.»

Pese a que había días en que se encontraba mejor que otros «era capaz de disfrutar de cada momento de su vida y el amor siempre estuvo presente en casa. Si bien físicamente ya no podía realizar determinadas tareas, se concentraba en las que *sí* podía hacer. Y cuando no podía levantarse, se dedicaba a hacer ella misma regalos para otras personas, ya que no podía permitirse comprarlos».

A causa de la enfermedad de su madre, Doug maduró rápidamente. «Echaba un poco de menos mi niñez, o al menos parte de ella —explica—. Vivíamos de la beneficencia y los otros niños me humillaban constantemente. Crecí muy deprisa (Doug mide más de dos metros en la actualidad) y los pantalones se me quedaban siempre demasiado cortos. Además, me veían pagar con cupones en la tienda de ultramarinos, por lo que finalmente decidí buscar trabajo.»

Doug sólo tenía trece años, pero le dijo al encargado de la tienda que había cumplido dieciséis. Vendió tanto calzado anatómico que se convirtió en el mejor vendedor de la tienda, y gracias a ello pudo dar de comer a su familia y pagar el alquiler. Su estatura le ayudó a conseguir su primer trabajo y, más tarde, una beca de baloncesto que le ayudó a costearse sus estudios universitarios. Obtuvo un diploma en marketing y administración de empresas y muy pronto encontró un trabajo de asegurador en una compañía de seguros.

Los fines de semana, para ganar más dinero, reparaba tejados con su amigo Glen Plaine. Al igual que Doug, Glen era hijo de una madre soltera que vivía de la beneficencia, y había empezado a trabajar a los trece años. Era competitivo, quería triunfar y se esforzaba por reparar los tejados más complicados, con más rapidez y mejor que nadie.

Doug por su parte no tenía gran afición a reparar tejados. «No tenía nada de atractivo —explica—. Es un trabajo duro y además peligroso», pero todo el mundo necesitaba un tejado en buenas condiciones y el trabajo estaba bien pagado. Doug, sin embargo, no se imaginaba el resto de su vida trabajando la jornada completa para su patrón. «Conocí a personas que, después de pasar 20, 25 o 30 años trabajando, se veían obligadas a pedir la jubilación anticipada —explica—.

No tenía intención de escalar profesionalmente para que cualquier día me quitaran la escalera en la cual me apoyaba.»

Doug abandonó su trabajo de asegurador para montar una empresa de instalación de tejados con su amigo Glen. «Glen ya tenía experiencia pero yo escogí el trabajo por una razón especial —comenta Doug—. Pensé que un tipo normal como yo podía tener la oportunidad de triunfar con ello.»

Doug convenció a su madre para que le avalara con su casa y así poder conseguir una licencia de contratista. Glen puso las herramientas y una camioneta con plataforma pintada de negro que llevaba veinte años funcionando. En noviembre de 1987 se inauguró Tile Technology Roofing Company en Tacoma, Washington.

REDEFINICIÓN DEL ÉXITO

«Tile Tech» se fundó siguiendo un principio muy simple: «Haz lo que tengas que hacer cuando digas que lo vas a hacer».

—En aquel momento nadie que trabajara en el sector cumplía con las cosas que prometía —recuerda Doug—. Si decían: «Iremos el miércoles», eso significaba que podían presentarse cualquier día entre el miércoles y el lunes siguiente. A mí eso me sacaba de quicio. Glen y yo pensamos que si hacíamos lo que decíamos que íbamos a hacer, saldríamos ganando.

En los primeros cinco años, la única publicidad de Tile Tech consistió en hacer un buen trabajo. «Nuestro número no aparecía en la guía telefónica, no hacíamos publicidad y en nuestros vehículos no figuraban ni nuestro nombre ni número de teléfono —explica Glen—. Nos limitamos a cumplir con nuestra palabra y a realizar lo habíamos prometido.»

En su primer año, Tile Tech ingresó 750.000 dólares y obtuvo 100.000 dólares de beneficios brutos. En 1999, los ingresos anuales superaron los diez millones de dólares. Tile Tech empleaba a cien trabajadores y había logrado una sólida reputación regional en la instalación de tejados en hogares, hoteles, hospitales, apartamentos y edificios gubernamentales. Y dos profesionales muy bien considerados, Bob Deaton y Don Vose, entraron a formar parte del grupo de accionistas.

Lista para crecer, Tile Tech invirtió cientos de miles de dólares en los equipos necesarios para obtener contratas más grandes.

Sin embargo, ante la escasez de trabajadores cualificados, tanto la empresa como la competencia descubrieron que la clave del éxito consistía en contar con una plantilla fija.

El negocio de instalación y reparación de tejados no se caracterizaba precisamente por esto. La mayoría de las empresas apenas formaban a los nuevos operarios, les obligaban a pagar las herramientas que utilizaban y les ponían a trabajar bajo escasa o nula supervisión. No es de extrañar que muchos operarios jóvenes vivieran al día y cambiaran constantemente de patrón. Además, la mayoría de las empresas pagaban a sus operarios por pieza instalada, lo que fomentaba la velocidad en detrimento de la calidad, sobre todo entre los trabajadores más experimentados.

—Últimamente estamos viendo unos trabajos de instalación de tejados realmente deplorables —escribió un periodista del *Seattle Times*—. Y no me refiero a las chapuzas que pueda llegar a hacer cualquier compañía de poca monta, de las que sólo piensan en hacer efectivo el cheque o en que no aparezcan desperfectos hasta que expire la garantía. Hablamos de tejados instalados por empresas que gozan de buena reputación.

Tile Tech decidió cambiar de táctica. Organizó a sus operarios en equipos compuestos por empleados que trabajaban a sueldo, por hora o por pieza. Los operarios asalariados se encargaban de que el equipo hiciera un trabajo de calidad y de enseñar a los nuevos operarios que cobraban por hora. Sólo los operarios con experiencia, que sabían hacer el trabajo rápido y bien, cobraban por pieza. Tile Tech creó también una vía de ascenso profesional que vinculaba los ingresos de los operarios a su formación, rendimiento y habilidades de liderazgo.

—En lugar de negar un problema que se había vuelto endémico —escribió el periodista del *Seattle Times* tiempo después—, Tile Tech ha dado un paso adelante y ha hecho algo para solucionarlo. Bravo.

ELEGIR UN LEGADO

Tile Tech también estaba interesada en ayudar a sus empleados a desarrollar sus habilidades fuera del ambiente laboral. Instalar tejados es un trabajo que exige mucho esfuerzo y atrae a menudo a personas que han tenido una vida dura. «Algunos de los muchachos han crecido en entornos familiares complicados —cuenta Doug—. Muchos temen mostrar sus emociones. A veces, me acerco a saludarlos y me pregunto si les han abrazado nunca. Otros tienen problemas con el alcohol.»

Según iba creciendo el éxito de Tile Tech, Doug se volvió, utilizando sus propias palabras: «... un poco loco; compré algunos juguetes bonitos, una casa, un coche... cosas, pero en seguida comprendí que la felicidad no consistía en eso. Recordé que de niño lo que más feliz me hacía era estar con mi familia e ir a la escuela y a misa.

»A medida que crecíamos como empresa, yo quería aprender a tratar a la gente y animarles a desarrollarse profesionalmente.»

Doug empezó a invertir en sí mismo, leyendo libros y acudiendo a seminarios, y así fue cómo descubrió un mundo lleno de sabiduría al alcance de cualquiera que lo buscara. «Me ayudó a cobrar conciencia de muchas cosas. Glen y yo vimos que nuestra empresa no era una suma de tejados instalados ni de bienes; bien mirado, era una suma de personas. Se nos ocurrió que quizá podíamos ayudar a otras personas a adquirir esa conciencia. No pretendíamos cambiar a nadie; tan sólo hacerles ver que existían otras opciones en sus vidas.

Tile Tech empezó a desempeñar un papel activo en la comunidad. Si tenían noticia de alguna persona de avanzada edad, cuyo tejado se encontraba en tan mal estado que parte de él saldría volando de levantarse una ventolera, la empresa lo reparaba y retiraba los escombros. Tile Tech tampoco se olvidó de su propia comunidad. La empresa patrocinaba concursos que invitaban a los empleados a realizar trabajos de voluntariado en la comunidad, combatir la dependencia de las drogas y el alcohol, guardar medidas de seguridad en el trabajo o proponerse retos personales. «Cosas tan sencillas como regalar un ramo de flores a sus novias o esposas de vez en cuando —explica Doug—. Si los empleados quieren hablar de ello, abordamos todo tipo de temas: adicciones, relaciones, matrimonio, hijos...»

Con cada tejado que instala, Tile Tech deja un legado. «Pero el más importante de todos es el legado que estamos dejando a nuestros hijos», concluye Doug.

HABLAR SU LENGUAJE

Las paredes de Tile Tech no tardaron en cubrirse de citas destinadas a la motivación del personal y de fotos de los logros de los empleados (una decoración algo dispar de la que elige la mayoría de empresas de reparación e instalación de tejados). Sin embargo, seguía faltando algo. «Era como si los motores no funcionaran al unísono —dice Doug—. Yo diría que el 20 por ciento de los empleados participaban activamente en lo que intentábamos conseguir, pero el otro 80 por ciento se mantenía al margen.»

Entonces, la junta directiva de la empresa asistió a una charla acerca del mundialmente famoso mercado de pescado de Pike Place. Todos habían visitado el mercado —Seattle no estaba muy lejos—, y aunque les había parecido un lugar fantástico donde trabajar, desconocían el motivo. El conferenciante explicó que todos los días y en todo momento, los pescaderos eran totalmente responsables de las acciones y las actitudes que elegían a la hora de llevar a cabo su trabajo.

Los directivos de Tile Tech descubrieron rápidamente las similitudes existentes entre los pescaderos y sus equipos de operarios: una mayoría de hombres jóvenes realizando un trabajo que nadie más desea hacer. Sin embargo, los pescaderos de Fish Place fueron capaces de rehacer mágicamente su atmósfera laboral a través del poder de sus actitudes.

—Nos vino como anillo al dedo —explica Bob Deaton—. A veces tenemos que vérnoslas con la lluvia, el viento o la nieve. Unas veces hace demasiado frío y otras, demasiado calor. ¿Vas a estar de mal humor siempre?

Después de que Bob hablara de los pescaderos de Pike Place a sus operarios, éstos abandonaron su despacho como si estuvieran en una nube. «Estaban impacientes por volver al trabajo —explica—. De repente, por fin teníamos palabras para lo que intentábamos hacer.»

Cuando Russ Vieselmeyer vio a los pescaderos en acción, pensó: «Es como si me hablaran a mí».

Para empleados como Brian Marchel, supuso la invitación que había estado esperando. «Toda mi vida he soñado con ser una persona positiva. De niño, tenía un padrastro algo negativo —explica—. Un día le planté cara y le dije: Estoy harto de que sólo te fijes en las cosas que no hago y de que nunca digas nada bueno de las que hago.»

Brian colocó un cartel en la puerta de casa que decía: «Elige tu actitud». «En el momento que salgo de casa, elijo la actitud que quiero tener —explica—. A veces no me acuerdo hasta que estoy a medio camino del trabajo, pero de repente aparece.»

CREAR CONCIENCIA

Sin embargo, los empleados de Tile Tech no tardaron en darse cuenta de que las cosas que nos parecen obvias no son tan fáciles de llevar a la práctica todos los días. En una reunión a primera hora para hablar de cómo transformar el trabajo, un mujer exclamó: «¡Es imposible elegir una actitud cien por cien positiva todos los días del año!»

Bob Deaton, que ese día presidía la reunión, alabó su sinceridad. «Eso es verdad —admitió ante el resto de los empleados—, pero también es cierto que podemos escoger nuestra actitud al menos hasta cierto punto.»

Bob empezó compartiendo estrategias. «He leído que para crear un nuevo hábito, tienes que repetirlo durante veintiún días seguidos —le dijo a los empleados—. Es fácil decir que lo vas a hacer, pero al tercer día vuelves a las viejas costumbres. Para ayudarme a recordarlo cada día, empecé poniendo una nota al lado del despertador que decía: Escoge tu actitud.»

También sugirió a los empleados que cerraran los ojos. «Imaginad que os han ascendido y que tenéis que encontrar a alguien que os sustituya; pensad en el empleado perfecto —dijo—. ¿A qué hora llegaría? ¿Cuál sería su preparación? ¿Cómo hablaría de la gente? ¿Cómo haría su trabajo?»

»Luego abrid los ojos y sed esa persona. Porque si lo sois, querrá decir que sois estupendos.»

Todo Tile Tech cambió cuando la gente empezó a experimentar el poder de elegir su actitud. «Ahora, cuando subo al coche por la mañana, repaso mentalmente cómo se desarrollará el día —dice Lisa Franklin, directora de la oficina—. Me pregunto por qué estoy allí, por qué lo hago y qué es lo importante para mí.

»Porque a veces, cuando llegas a la oficina y te tomas la primera taza de café, es posible que tengas que conversar con alguien. Si no estás preparada y no tienes la cabeza en su sitio, te pueden hallar desprevenida y puedes dar una respuesta poco acertada o que alguien se la tome a mal.

Y las actitudes buenas se contagian rápidamente. «Empecé asignando las tareas a los muchachos de buena mañana —dice Bob—. Antes, no habría podido con ese trabajo. Habría tenido que enfrentarme a 60 o 70 operarios, la mayoría con la cara enrojecida y soltando una palabrota tras otra. Ahora, todo el mundo se saluda con una palmada en la espalda y se dan los buenos días. Es como una reunión de amigos.»

COMPARTIR UNA PARTE DE TI

Los empleados de Tile Tech también han aprendido que aunque tener una buena actitud sea algo fantástico, es importante compartirla con otros. «Antes llegabas temprano al trabajo con cara de pocos amigos, ibas derecho al despacho y te ponías a trabajar —explica Bob—. Ni te fijabas en los demás o, como mucho, intercambiabas un *hola* de vez en cuando.»

En Tile Tech, Bob Deaton personificaba esta manera de comportarse. «Si estaba en mi mesa elaborando una oferta y venía alguien con una pregunta o a pedirme algo —recuerda Bob—, en el pasado contestaba: "¡Ahora no! ¿No ves que estoy ocupado?" Básicamente me quitaba a la gente de encima sin darme cuenta; ni siquiera me acordaba de que estaban allí.»

Cuando Bob vio que los empleados de Pike Place se esforzaban por estar presentes cuando atendían a los clientes, fue como si se le encendiera una lucecita. «Comprendí lo equivocado que estaba y tuve que pedir disculpas a mucha gente. Descubrí que no lleva mucho tiempo dar los buenos días a los compañeros. Y comprendí lo mucho que significa para un nuevo empleado, estrecharle la mano al cruzarte con él y decirle: "Bienvenido. ¿Cómo va todo?"»

—Bob ha cambiado mucho —dice Heidi McCaig, directora del departamento de recursos humanos—. Antes refunfuñaba por todo. Ahora dedica tiempo a los demás y es un buen director.

—Esta mañana, charlando con uno de nuestros empleados, le he dicho que está tan concentrado en su trabajo que ignora a la gente cuando pasa por su lado ni tampoco tiene tiempo para nadie —dice Bob—. Y he añadido: "Tú lo que tienes es el síndrome Bob Deaton. Te comportas del mismo modo que lo hacía yo".

»Se reclinó en su asiento, pensó unos instantes y dijo: ¡Vaya! Has dado en el clavo, porque recuerdo cómo me sentía contigo. Me daba miedo acercarme a ti. Creo que voy a dedicar más tiempo a la gente a partir de ahora.

EL SALUDO SHREWSBERRY

Las mañanas en Tile Tech, que tiene situadas sus oficinas en una casa de una planta, remodelada y con una piscina en la parte trasera, empiezan con una taza de café y el saludo de Ray Shrewsberry. «Soy un tipo optimista y, bueno, nuestros operarios pueden ser un poco bruscos y poco afables —explica Ray, supervisor de control de calidad—. Por eso, si veo a alguien que no me parece todo lo contento que debería, grito su nombre completo. Un ejemplo: "¡Buenos días, Bob Deaton!"»

—Todos los días, sin falta, cuando me lo encontraba, me decía: «¡Buenos días, Bob Deaton!», y todos los días me hacía sonreír —cuenta Bob—. De ahí surgió la idea. Es increíble la cantidad de empleados cuyos apellidos desconoces y esto también nos ayudó a aprenderlos.

Los empleados de Tile Tech se toman su trabajo tan en serio como siempre, pero han aprendido a hacerlo de una manera más desenfadada. «A uno de nuestros empleados, que va tatuado, se le ocurrió coger un pequeño pez de peluche que tenemos, agujerearle una oreja, ponerle un pendiente y, para acabar, hacerle un tatuaje —comenta Tim O'Brian, coordinador de instalaciones—. El otro día estaba hablando por dos teléfonos a la vez. Una compañera entró en mi despacho, colocó el pez encima de mi mesa y se fue sin mediar palabra.

»Tiene que atender muchas llamadas al día y sabía cuántas llamadas estaba recibiendo yo aquel día. Lo que hizo me alegró el día. Fue un pequeño detalle que me hizo sentir mejor y me ayudó a sobrellevar la situación.»

Los operarios han encontrado otras maneras de relacionarse más apropiadas mientras trabajan en un tejado. «Ya no nos lanzamos grapas como antes —explica Brian—. Ahora jugamos con las palabras, tomándonos el pelo o metiéndonos con alguien.»

De vez en cuando, Doug se presenta en una obra con varios patinetes con motor. «No tiene nada que ver con el trabajo —explica—, pero tendrías que ver la cara de los muchachos cuando llega la hora del descanso y hacemos carreras.»

APRENDER NUEVOS TRUCOS

Dwight Lambert tiene cincuenta y pocos años. Su cabello empezó a clarear hace años y su rostro refleja los muchos años de trabajo duro y a la intemperie. Cuesta imaginar que Dwight sea admirador de Britney Spears y, sin embargo, lo es. No tiene reparos en bailar al ritmo de una melodía de Britney con la hija pequeña de una familia cuyo tejado se dispone a reparar.

En el pasado, Dwight tenía fama de «viejo gruñón» en Tile Tech y lo admite: «Supongo que tenía motivos para serlo».

Los padres de Dwight se divorciaron cuando él era un adolescente. Su madre volvió a casarse, pero él imaginaba que su padrastro se casaba con ella sin tenerle a él en cuenta, y de ahí derivó su actitud. «De manera que decidí agarrar el toro por los cuernos y hacer mi vida» —cuenta.

Abandonó la universidad después del segundo año y se puso a trabajar. Fue barbero durante algún tiempo, luego trabajó el metal pero, hiciera lo que hiciera, se esforzaba por hacerlo lo mejor posible. «Mi padre decía: "Aunque lo único que hagas sea recoger estiércol, hazlo siempre todo lo mejor que puedas", y eso es lo que he hecho durante toda mi vida.»

Dwight empezó a trabajar como instalador de tejados a los treinta y tantos años, una edad en la que la mayoría de los operarios del sector comienzan a buscar trabajos que exijan menos esfuerzo físico. Pero trabajó con entusiasmo y destacó. No le preocupaba que hiciera mal tiempo, «porque esa capacidad de sacrificio es lo que distingue a los hombres de los niñatos», decía.

Nunca se le ocurrió que podía disfrutar con el trabajo o con los compañeros. «Durante diecisiete años sólo existimos el mundo y yo. Me ponía en marcha y hacía lo que tocaba. Aceptaba los trabajos sin hacer preguntas. Lo hacía bien y me pagaban por ello.»

A veces, cuando trabajaba con personas que no estaban a su altura ni lograban seguir su ritmo agotador, Dwight les gritaba. «Supongo que al haber empezado a trabajar muy joven y tener que cuidar de mí mismo, me volví demasiado serio —reflexiona—. Sé hacer frente a las cosas importantes, pero no soporto las menudencias, la pérdida de tiempo, las tonterías. Me sacan de quicio».

Un día, estaba trabajando con uno de sus hijos y se enfadó con él. «Me abalancé hacia él —no llevábamos puesto ningún equipo de seguridad—, me resbalé al pisar una teja que estaba suelta, perdí el equilibrio y caí de pie». En el camino se golpeó con una viga y se rompió el pie. «Tuvieron que ponerme tres clavos. Estuve nueve meses de baja.

»Fue una de esas cosas por las que no tenía que haberme enfadado y seguramente, si hubiera asistido a una de esas clases de autocontrol, lo habría conseguido, pero en aquel momento mi reacción fue: "¿Que no te gusta? ¡Pues es tu problema!".»

Dwight trabajó en Tile Tech hace algunos

años pero no duró ni una semana. «Dwight era una persona totalmente digna de confianza y que sabía cómo hacer el trabajo —cuenta Doug—, pero la gente rechazaba su terca actitud: "Así es como lo he hecho siempre y vosotros deberíais hacerlo igual".»

Algún tiempo después, Dwight regresó a Tile Tech, pero esta vez le enseñaron el enfoque que daban al trabajo los empleados de Pike Place. «Al principio me pareció una tontería —comenta—. Luego pensé cómo se podría aplicar a la vida real y acabé dándome cuenta de que la vida puede ser más fácil.

»Era producto de mi entorno. Nunca había estado en un ambiente donde nadie se interesara realmente por los demás, excepto para saber si habías acabado el trabajo o para encargarte uno nuevo —explica—. Dicen que nada nuevo se puede enseñar a un perro viejo. Bueno, quizá soy el ejemplo de que sí se puede. Como he dicho, no se trata de que no quisiera, sino de que nunca se había presentado la ocasión en que alguien tuviera la oportunidad de enseñarme. Pero creo que es algo que he deseado siempre y ahora, por fin, lo he conseguido.»

Que nadie se confunda, Dwight sigue tomándose muy en serio su trabajo y explica sin miedo cómo se hacían antes las cosas. «La vieja escuela», lo llaman los jóvenes. Pero él está cada vez más y más presente para su joven equipo cuando le necesitan, y comparte con ellos la experiencia acumulada durante los años. Intenta divertirse un poco más a la hora de comer, lleva puesto el equipo de seguridad y baila a ritmo de Britney Spears.

—A veces tienes que dar algunos gritos para que la gente te escuche; claro que si aprendes otros medios, no hace falta —comenta—. Puedes pasarlo bien, rendir mucho y no acabar el día de malhumor.

»La vida no tiene porqué ser tan complicada. Hace veinte años, si un coche me adelantaba cerrándome en la autopista, le gritaba y le hacía algún gesto feo con la mano. Ahora sonrío y digo: "¿Para qué tanta prisa? Un coche más o un coche menos delante no me va a cambiar el día".

Además, ahora tiene cosas más importantes en las que pensar como, por ejemplo, sus nietos. «Tengo ocho —explica Dwight—. La novia de mi hijo mayor tiene dos hijos y el mayor, que se llama Andrew, ya me ha preguntado si puede llamarme "abuelo Dwight"».

»Se me saltaron las lágrimas. No tiene ningún abuelo, y yo le contesté que me gustaría mucho que me llamara "abuelo Dwight".»

La primavera pasada operaron a su esposa,

181

Kathy, de un aneurisma sangrante. «Estuve a punto de perder a la persona más importante de mi vida —dice—. De modo que ¿voy a ir a trabajar para ponerme de mal humor?... ¡No vale la pena!».

MANTENERSE A SALVO POR LOS DEMÁS
Según el Ministerio de Trabajo e Industria, la instalación y reparación de tejados es uno de los empleos más peligrosos que existen.

En 1987 Doug solicitó una licencia para montar su empresa. «Al Estado le importaba un comino la seguridad. Yo no sabía en qué consistía ni para qué la necesitaba, hasta que sufrimos las consecuencias personalmente. Luego el gobierno empezó a aplicar sus leyes y recibimos algunas multas», explica Doug.

Hoy Tile Tech cuenta con un comité de seguridad, elegido por los empleados, que lleva a cabo un exhaustivo programa de formación junto con el Ministerio de Trabajo e Industria. En los tejados de pronunciada inclinación, los empleados llevan arneses de cuerpo entero, ligados al cuchillo de armadura del tejado.

No obstante, y en última instancia, aplicar medidas de seguridad al trabajo es una decisión individual. «Mi filosofía siempre ha sido: Si no te respetas lo suficiente como para observar las medidas de seguridad en el trabajo, dímelo. No te obligaré a que lo hagas, pero sí te mandaré a casa.»

Tile Tech aplicó una técnica para aumentar la conciencia de los empleados sobre la seguridad, que tomó prestada del mercado de pescado de Pike Place. «Cuando un pescadero grita a sus compañeros el pedido que le acaban de hacer, éstos lo repiten en voz alta —dice Russ—. Antes de subirnos a un tejado, caminamos por la obra. Cantamos las medidas de seguridad y los posibles riesgos, y el equipo repite lo que decimos. Así estamos seguros de que los muchachos lo han oído y de que existe una concienciación al respecto.»

Y, de paso, se divierten. Una pequeña hendidura provoca un grito de: «¡Zanja de nueve metros! ¡Zanja de nueve metros! ¡Zanja de nueve metros!» Si alguien está a punto de lanzar una teja rota al suelo, grita: «¡Dolor de cabeza!», y el resto de equipo repite a coro: «¡Dolor de cabeza! ¡Dolor de cabeza!»

Steve Wallace, coordinador de seguridad, va de obra en obra comprobando que se cumplen las medidas de seguridad: «Pero intento pescarles haciendo cosas positivas y felicitarles por ellas».

Tile Tech recuerda a sus empleados que la

seguridad no consiste en protegerte de algo. Consiste en protegerte *por* algo. «Algunas tardes celebramos reuniones, a las que invitamos a las esposas para informarlas de nuestra filosofía —explica Doug—. Les digo que no quiero tener que llamar a su puerta y decirles que su marido o su hijo no volverán nunca más a casa. Intentamos llegar a nuestros empleados a través del amor. Ahora que han asimilado la idea, la han hecho suya.»

En 1999, Tile Tech registró 42 accidentes laborales. En el año 2000, la cifra se redujo a27. En julio de 2001, la empresa llevaba registrados cinco accidentes, y su meta era acabar el año con menos de diez.

«TENÉIS ALGO DIFERENTE, MUCHACHOS»

—En el pasado la gente miraba por la ventana y se preguntaba qué hacíamos —nos explica Bob—. «Nuestra mentalidad al respecto era: Déjennos en paz. Sabemos lo que hacemos y podrán ver los resultados cuando acabemos.»

Hoy Tile Tech ha cambiado completamente de enfoque. Si los clientes muestran interés, los capataces del equipo de instalación del tejado responden a sus preguntas. «En lugar de verlo como un tejado más, procuramos recordar que ellos lo ven como un sueño. Intentamos que también participen. Les invitamos, si quieren, a clavar un clavo en el tejado. ¿Por qué no? Cuando los albañiles colocan los bloques de cemento, invitan a los hijos de sus clientes a poner sus iniciales. La gente recuerda cosas así. Luego les dicen a sus amigos: "Yo ayudé a poner el tejado", y te lo agradecen toda la vida.»

Cuando te centras en los demás, en vez de sólo en ti, los pequeños detalles cobran una gran importancia. En cierta ocasión un cliente escribió unas emocionantes palabras dirigidas a Tile Tech; su tejado había quedado fantástico, pero lo que más le había impresionado es que el equipo no se fuera hasta haber recogido todos los escombros que habían caído al jardín.

«Antes, los muchachos pensaban que daba igual cómo se comportaran, lo que dijeran o lo que hicieran, siempre y cuando acabaran el trabajo —dice Bob—. Ahora saben el impacto que tiene su actitud en la manera en que la gente percibe nuestra empresa.»

«Es una cuestión de consideración —puntualiza Russ—. Hay empresas que sólo limpian la obra cuando han terminado. Nosotros lo hacemos cada tarde.»

Un día, después de una agotadora jornada de doce horas de trabajo en un tejado, uno de los operarios se ofreció a jugar con el hijo del cliente. «Estuvieron un rato jugando a la pelota —recuerda Brian—. El cliente se quedó de piedra y aquello le alegró el día.»

Alegrar el día de alguien no se acaba cuando el tejado está terminado. «Yo llamaba a todos los clientes una vez finalizado el trabajo —explica Doug—. Les decía: "Soy el propietario de Tile Tech y me gustaría saber si están satisfechos con nuestro trabajo. Quisiera que me comentaran lo positivo y lo negativo".» La gente no se lo podía creer. Decían: «¿Me toma el pelo? ¡Eso ya no lo hace nadie!»

Hoy Tile Tech ha dado un paso más hacia delante. «En este negocio lo que cuenta es lo que no se ve —explica Glen—. Yo cojo una cámara digital, me subo al tejado y saco fotos del trabajo que luego reviso junto con el cliente.

»El otro día visité a una señora de avanzada edad y la primera pregunta que me hizo fue: "¿No me habrán atascado los desagües?". Yo le dije: "Esta es la primera foto que he sacado. Fíjese lo limpios que hemos dejado sus desagües". La mujer no podía subir al tejado a comprobarlo y de esta manera se quedó más tranquila.»

Durante una época los clientes de Tile Tech, como los de la mayoría de las empresas del ramo, pagaban a regañadientes. «Hoy eso ha

186

cambiado —dice Glen—. Están deseando pagar la cuenta.»

—No sé de qué se trata —decía un cliente después de que el equipo de Dwight Lambert le instalara un nuevo tejado—, pero ustedes tienen algo diferente. Han traído nuevos aires a la industria de la construcción.

ENSEÑAR TU VISIÓN
En una reunión de la empresa celebrada en mayo de 2000, Tile Tech añadió dos palabras a su nombre oficial; ahora es conocida como la *mundialmente famosa* Tile Technology Roofing.

Sin embargo, para llegar a ser mundialmente famosos, Doug advirtió que tendrían que cooperar entre sí e instruirse unos a otros.

—Aleccionar a los demás es una ardua tarea —dijo a todo el mundo—. No es posible ignorar los problemas. Si algo no funciona, si ves las tejas rotas del tejado o la rueda de un camión medio desinflada, no puedes pasar de largo.

»Y no harás la vista gorda si te implicas realmente en el negocio. Se trata de cambiar tu visión de las cosas; no basta con que cambie sólo la mía o la de Glen, Bob o Don. Todos debemos involucrarnos por igual. Es como en cualquier relación personal. ¿Cómo va a funcionar si siempre manda el mismo? No funciona, ¿verdad? Por eso cuando elegimos una conducta, aceptamos dos responsabilidades: una es la de instruir y la otra la de dejarnos instruir.

Pedir a los empleados de Tile Tech que instruyesen a los dueños no iba a ser fácil. «Creo que nuestra mayor batalla ha sido la de convencer a la gente de que respetaremos lo que nos enseñen —dice Doug—. Eso no es natural en el sistema laboral norteamericano. La gente ha sido programada para pensar que los de arriba no escuchan.

Bob lo llama «el efecto paloma»: defecar sobre la gente, echar a volar, esperar a que cometan un error, regresar y volver a hacerlo.

—Cuando empecé en este negocio hace ya veintiún años no abrías la boca, el jefe pegaba gritos y tú trabajabas. Eso fue lo que me enseñaron. Para mí, ser un buen jefe se resumía en ser de los primeros en llegar y trabajar más que nadie.

Pero Bob aprendió que da igual de quién provengan las palabras; lo único que importa es que se pronuncien. «Teníamos una conversación en voz alta delante del mostrador de la entrada y uno de los empleados me pidió si podíamos continuar con ella en otra parte porque las telefonistas no podían oír. Estaba a punto de contestar: "¿No irás a decirme lo que tengo que hacer?".

En su lugar, guardé silencio, me pregunté si tenía razón y me di cuenta de que estaba en lo cierto.

»Ayer acepté algunas sugerencias del director de nuestra oficina y me han sido muy útiles —comenta Don Vose—. Es fantástico cuando los empleados tienen la suficiente confianza como para dirigirse a los propietarios del negocio y decirles: "Me parece que esto lo están haciendo mal". Y es aún mejor cuando los empresarios contestan: "Tienes toda la razón".»

Glen respondía al desafío no ocultando sus sentimientos. «Doug se siente a gusto desempeñando el papel de líder. Yo prefería quedarme en segundo plano y controlarlo todo desde allí.»

Por eso, cuando llegó el momento de aceptar asesoramiento de los demás, Glen dijo: «Esto es nuevo para mí. No esperéis de mí que sea perfecto la primera vez, ni la segunda ni la tercera. Quiero ser un gran oyente, un gran jugador del equipo y dejarme aleccionar, pero todavía no lo soy; de manera que os pido paciencia. Ya podéis empezar. Me morderé la lengua e intentaré no decir nada que sea inadecuado.

»Nunca he sabido escuchar. No miraba a la gente a los ojos. Pero estoy mejorando, sobre todo con mi mujer y mi hija de dos años. Yo creo que los muchachos también notan que he cambiado. Antes era una persona distante y no permitía que nadie se acercara mucho a mí. Ahora la gente percibe que estoy cambiando y eso hace que también cambie su actitud cuando salen por la puerta camino del trabajo.»

IR AL ESTANQUE
En cierta ocasión, la directiva de Tile Tech oyó hablar al poeta David Whyte de *Beowulf*, el gran poema épico en el que el héroe decide luchar contra el monstruo que habita un lago. Ese lago, dice Whyte, se encuentra dentro de cada uno de nosotros. Nuestro miedo a adentrarnos en ese lago, y a afrontar las conversaciones difíciles que ello conlleve, puede ser tan abrumador que prefiramos vivir infelices a explorar el lago en busca de la felicidad, la sinceridad y las relaciones favorables que pueden esperarnos allí.

«Cuando trabajas todos los días en compañía de gente, es fácil disgustarse con alguien o disgustar a los demás —dice Bob—. Esos incidentes pueden convertirse en rencillas e ir creciendo hasta que ya no puedes siquiera recordar el pequeño incidente que los provocó.

Esa es la razón por la que Tile Tech creó el Estanque. El Estanque es una habitación situada en la parte trasera de la oficina. Dentro hay una pequeña piscina de plástico, arena, una sombrilla, unos cuantos pósters y dos sillas.

—El Estanque está ahí para cuando necesitas mantener una conversación con alguien —dice Bob—. Puede ser con una persona que te ha ofendido, que crees que no te escucha o que hace algo que no está en consonancia con nuestra actitud para llegar a ser mundialmente famosos. Todo el mundo tiene derecho a invitar a cualquier persona, sea cual sea su posición en la empresa y reunirse con ella en el Estanque. Allí, todo el mundo está a la misma altura y se puede decir lo que uno piensa: «Hiciste o dijiste tal cosa que me hizo sentir de esta manera».

En el Estanque no hay reglas, excepto ser respetuosos unos con otros. Se puede estar allí el tiempo que uno necesite, ya sea quince minutos o dos horas. «Debes estar dispuesto a decir la verdad. Si sólo pretendes criticar, ocultas algo o no vas al grano, el Estanque no funciona —dice Doug—. Tienes que dejar salir tu ego y tu sentido de ecuanimidad; de lo contrario, minas el poder del Estanque".»

—A veces, las parejas, los amigos, los familiares tienen desacuerdos y se dan por vencidos. Dejan de hablarse —comenta Lisa—. En el Estanque no está permitido dejar las cosas a medias. En algunas situaciones no se alcanza el acuerdo pero siempre se llega a una conclusión.

Cuando se presenta un problema, hay que

solucionarlo, porque hasta que no se solucione no puedes proseguir la creación de una empresa mundialmente famosa —afirma Bob—. También es importante que si eres el jefe y un empleado te invita a ir al Estanque, no contraataques negativamente porque si lo haces, lo echarás todo a perder y nadie más te volverá a citar en el Estanque».

No todo el mundo se siente a gusto en el Estanque, pero mucha gente recurre a él. Todos los accionistas de Tile Tech han pasado por el Estanque, y ellos también han citado a otras personas allí. Se han salvado relaciones dañadas y se han creado nuevas relaciones. Las conversaciones en el Estanque han conducido a personas a llevar a cabo cambios que les han ayudado a conseguir ascensos. También provocó que un empleado de Tile Tech abandonase la empresa porque no se sentía a gusto con el nuevo rumbo. Algunos empleados afirman que las lecciones aprendidas en el Estanque les han ayudado a comunicarse de manera más eficaz con sus esposas e hijos.

—Es como subir a un escenario —explica Lisa, que antes de trabajar en Tile Tech era cantante profesional—. Pones todo tu corazón y tu alma en la canción para la gente que te escucha. Te pueden aplaudir o abuchear. No sabes lo que va a pasar pero tienes que poner toda la carne en el asador.

»Una vez que lo haces te sientes estupendamente. Todavía no me he encontrado nunca en una situación en la que haya puesto todo mi corazón y no haya recibido una buena respuesta. Tal vez no era la respuesta que esperaba, pero era una respuesta al fin y al cabo, lo cual me ha hecho sentirme mejor.

—A pesar de los teléfonos móviles, de los buscas, y de no sé cuántos aparatos más, la verdad es que hoy en día apenas nos comunicamos con las personas que nos rodean —comenta Doug—. El Estanque es un momento de intimidad, casi un momento sagrado. Es el momento para conectar con otra persona. Y eso es precisamente lo que está empezando a suceder.

EL SECRETO DE TILE TECH

Uno de los empleados de Tile Tech había tenido algunos problemas personales y Doug, un amigo cercano, le pidió que le acompañase a misa. «A mitad del sermón, me dijo al oído: "¿Le has dicho al cura qué sermón tenía que dar hoy? Porque es como si me estuviera hablando a mí".

»Sonreí. Creemos que somos los únicos que tenemos un determinado problema pero no es así. Todos tenemos problemas similares.»

Y sueños comunes. «Los instaladores de tejados tienen sentimientos, dudas y emociones. Desean formar parte de una gran empresa donde ellos cuenten y sus opiniones también —explica Glen—. Desde el momento en que empezamos a escuchar sus opiniones, mejoramos como empresa».

Esa es la razón por la que Tile Tech invierte 250.000 dólares anuales en el desarrollo de los empleados. «Créeme, el beneficio es diez veces mayor», explica Doug.

«En un sector como el nuestro, no es habitual que una empresa haga cosas como ésta, y aunque la mayoría de la gente aprecia nuestro esfuerzo, no siempre ocurre así. De todos modos, eso es algo que no nos preocupa ya que estas cosas se deben hacer de manera incondicional. Apostamos, aunque sabemos que para algunos empleados este trabajo puede ser pasajero, y que invertimos mucho tiempo y dinero en personas que acaban marchándose. Sin embargo, basta con unos pocos para que la cosa funcione. Son como las semillas, que crecen y acaban dando sus frutos.

»Asumir la responsabilidad de tu actitud, trabajar con otros y contribuir al crecimiento de otras personas supone un esfuerzo muy importante. Se espera de todo el que entra en nuestra empresa que contribuya al crecimiento de otras personas tanto como al suyo. Tenemos la oportunidad de apoyarnos mutuamente, en los buenos y malos momentos, y así es como alcanzaremos nuestras metas juntos.

»En la fiesta de Navidad del año pasado, Glen Robb, nuestro director de ventas, se acercó a mí y me dijo: "He descubierto vuestro secreto —yo me lo quedé mirando con expresión divertida y él añadió—: Habéis descubierto cómo aplicar el amor al negocio".

»Le guiñé un ojo y lo dejé así. No tenía nada que añadir. Hacía años que lo sabía.»

Pequeños bocados

¡Mamá, está lloviendo!
Una de nuestras historias favoritas es la de una niña británica de seis años, a quien su madre le enseñó la Filosofía FISH! Una semana después, un día particularmente desapacible en que la niña se preparaba para ir a la escuela, le dijo a su madre antes de salir de casa para ir a la parada del autobús: «'Mamá, aunque llueva, voy a tener un día Fish!» Eso demuestra que escoger tu actitud es un principio que está al alcance hasta de un niño de seis años.

¿Tú qué tienes?
He aquí una parábola: tres vecinos charlaban y surgió el tema de las posesiones. «Yo tengo una gran mansión», anunció uno de ellos orgullosamente. «Pues yo tengo una granja que me da muchos beneficios», presumió el segundo. «Y yo tengo optimismo», añadió sencillamente el tercero. Sus dos vecinos se echaron a reír porque no veían la ventaja de tener algo que no se podía ver ni tocar.

Esa noche se desencadenó una terrible tormenta. La lluvia destruyó la casa del primer vecino. «¿Qué voy a hacer?», gritó compungido. La tormenta arruinó la cosecha del segundo vecino. «¿Qué voy a hacer?», se lamentó. El tercer vecino también se encontró sin casa ni granja por culpa de la tormenta. «¡Hummm...! ¿Por dónde empiezo?», se dijo y enseguida puso manos a la obra: reconstruyó su casa y replantó sus cosechas.

Mientras tanto, sus vecinos habían estado de brazos cruzados lamentándose de sus pérdidas. Al ver que su vecino reconstruía lo que había perdido, decidieron preguntarle su secreto. «No hay ningún secreto —repuso el hombre—. Sólo somos dueños de nuestros pensamientos». De repente, los dos vecinos comprendieron y empezaron a reconstruir lo que habían perdido con ayuda del tercer vecino.

A partir de aquel día, cuando se encontraban, no hablaban nunca de sus posesiones. Comentaban sus ideas y las compartían, porque ¿qué sentido tiene aferrarse a algo que no tienes?

Con los brazos abiertos de par en par
Hace poco leímos acerca de un niño pequeño que padecía un extraño trastorno digestivo. Se pasaba gran parte de su tiempo en el hospital

con agujas en los brazos. Cuando se acercaba un médico o una enfermera, sabía que seguramente le iban a poner otra aguja en el brazo. Sin embargo, en vez de llorar, sonreía y extendía el brazo para que le pincharan.

A veces resulta doloroso recibir la vida con los brazos extendidos pero no existe otra manera de abrazarla por completo.

¿Conoces a ese que parece un oso?

Con su voz grave, su complexión fornida, y la cara llena de pelo, Oso es uno de los pescaderos de Pike Place más fáciles de reconocer. Oso sabe muy bien lo que es el poder de la elección. «Tienes que elegir dónde quieres estar desde el momento en que te levantas de la cama —dice—. Yo lo elijo todos los días de manera consciente.»

Un día recibimos la llamada de un empleado de una fábrica de automóviles, que tenía una voz áspera. «¿Han oído hablar de un tal Oso, un tipo con pinta de ponerte en órbita de una patada? —gruñó amablemente—. Ése era yo.» Sin embargo ahora, decía, antes de entrar a trabajar en la fábrica, se miraba fijamente en el espejo y *elegía* quién iba a ser ese día. «Llevo veinte años viniendo a trabajar aquí, y si yo puedo hacerlo, también pueden los jóvenes.»

Salvar una relación

En un seminario una mujer quiso compartir su historia con nosotros. Habló de la crisis que había atravesado su matrimonio y de la creciente amargura entre dos personas que un día se habían sentido tan próximas. Sin nada que perder, había decidido aplicar la Filosofía FISH! en la relación apagada que mantenía con su marido. A veces se esforzaba en alegrarle el día. Otras, intentaba crear experiencias alegres. Cuando empezó a escucharle de verdad, el efecto fue tremendo. Hacía tiempo que ninguno de los dos prestaba atención al otro y su marido empezó a corresponderle.

Volvimos a hablar con la mujer unos meses después. Ella y su marido continuaban decididos a proseguir con el divorcio. Aquello nos sorprendió porque esperábamos un final de cuento. Sin embargo, la vida no siempre sigue el rumbo que nos gustaría. De todas maneras, la mujer había decidido cambiar, y gracias a su esfuerzo, toda la rabia desapareció. Ahora, en lugar de dos adultos en guerra, eran dos adultos que pese a tenerse afecto, decidían seguir caminos separados. Las lecciones del mercado de pescado de Pike Place no salvaron su matrimonio, pero lograron salvar una amistad.

Incluso un martes

Después de que un gran distrito de escuelas adoptara las lecciones de Pike Place para transmitir más pasión al trabajo, un miembro escéptico de la junta se desplazó a Seattle, casualmente, entre semana. Visitó el mercado de pescado de Pike Place y vio con sus propios ojos toda la energía y todo el entusiasmo que no creía posibles. «Pensaba que era un montaje de fin de semana —dijo—. No me imaginaba nada parecido un martes por la tarde.» Es preciso hacer una nueva elección cada día: ¿quién elegirás ser hoy?

Un mono en la espalda

¿Te has acostado tarde? ¿Ha sido una lucha llevar los niños a la escuela? ¿El tráfico era horrible? Hay un hospital en el que si alguien llega de mal humor, le dan un mono de peluche para que se lo cuelgue a la espalda. Es una manera de admitir que estás agobiado y que no podemos cambiar nuestros sentimientos hasta que somos conscientes de ellos.

Piedras, esquís y esperanza

En 1978, un joven profesor universitario sintió que su vida se desmoronaba. Acababa de divorciarse, no tenía un centavo y su ex mujer se había marchado de Idaho con los niños. Lo único que le quedaba eran algunas piedras que él y sus hijos habían recogido el mismo día que se marchaban. De alguna manera, le daban cierta esperanza.

Un día, el padre del joven profesor le regaló unas botas, unos esquís, unos bastones y un forfait. El joven fue a la nieve y se pasó toda la mañana cayéndose al suelo. De repente, algunos de sus estudiantes, que esquiaban con él, le rodearon. «¡Levántate!», le dijeron. Le invadió un sentimiento de esperanza. Se levantó y por primera vez, bajó la pista esquiando. Esquió el resto del día. Fue uno de los días más emocionantes de su vida. En el último descenso, sabiendo que debía volver a casa y que al día siguiente tendría que trabajar, gritó: «¡Trabajo como esquío!» Escribió estas palabras en una cartulina y la colgó en su despacho.

Sus hijos no tardaron en regresar a Idaho y compartieron con su padre su pasión por el esquí. El joven profesor intentó devolver el dinero de los esquís a su padre, pero este no lo aceptó. «Dáselo a alguien que lo necesite.» El profesor, que ahora es decano de la universidad, intenta seguir el consejo de su padre siempre que se le presenta la oportunidad.

Las piedras siguen estando en un cuenco encima de la mesa de su despacho, y siempre lo estarán.

Quinta parte:
PON EN PRÁCTICA FISH!

*Pon FISH! en práctica durante 12 semanas
y descubrirás que basta con que lo elijas para
que puedas disfrutar de una vida más plena
y más grata.*

Este capítulo está pensado para aquellas personas que deseen introducir la Filosofía FISH! en su vida y les gustaría tener una pauta. Incluye 12 semanas de actividades. Algunas de estas actividades fueron experimentadas con estudiantes que no tenían conocimiento de nada y con asistentes a seminarios, pero la mayoría se presentan aquí por primera vez.

Mientras realizas estos ejercicios, recuerda esta ecuación:

VIDA PLENA = VIDA LABORAL + EL RESTO DE LA VIDA. Aunque parezca una tontería, no lo es. La vida laboral forma parte sin lugar a dudas de una vida plena. Sin embargo, muchos de nosotros infravaloramos nuestra vida laboral al tratarla como si fuera algo por lo que tenemos que pasar para poder disfrutar del resto de nuestra vida. Piensa en estos ejemplos:

- **¿Hay cosas en el trabajo que das por hechas, pero que sin ellas tu vida sería menos próspera?**
- **A veces, mientras haces una cosa, ¿estás ya pensando en la siguiente, perdiendo así todo lo que el momento presente te ofrece?**
- **¿Hay personas que te atienden todo el día, a las que realmente no ves, y sin las cuales muchas de las cosas que das por hechas no tendrían lugar?**

Ahora es el momento de reclamar esa vida laboral que te pertenece para que la vivas plenamente. De acuerdo. Posiblemente te cueste más de 12 semanas conseguirlo, pero los siguientes ejercicios son solamente el principio.

Primera semana:
FISH! Mejor nadar en un mar
de gratitud

En su tercer año en la Universidad de Santa Clara, mi hija Melanie participó en el programa Semestre en el Mar. Con más de 600 estudiantes de 240 universidades diferentes, zarpó de Vancouver en el *SS Universe Explorer* para pasar cien días en el mar visitando diez países. Sí, y encima les daban créditos por ello.

Cuando llegó a Kobe, Japón, nos escribió hablándonos del sushi y de algunas excursiones fuera de las zonas turísticas. Sin embargo, a medida que el viaje avanzaba, la naturaleza de sus mensajes por correo electrónico y las llamadas telefónicas cambiaron de forma llamativa. Después de visitar Vietnam, China, Malasia y la India, ella y sus amigos se dieron cuenta de que empezaban a ver su país, los Estados Unidos, y sus propias vidas desde una nueva perspectiva. Sentados en cubierta, se quedaban levantados hasta altas horas de la noche hablando de lo afortunados que se sentían por la vida que tenían.

Cuando visitaron África, Brasil y Cuba, la naturaleza de las conversaciones volvió a cambiar a medida que estos jóvenes adultos realizaban observaciones interesantes. Repararon en que allá donde iban, e independientemente de los distintos niveles de vida que descubrían, encontraban personas sonrientes y felices que valoraban la familia y los amigos. Esta fue, quizá, la revelación más importante del viaje. La vida transcurre en todo tipo de escenarios, con o sin abundancia de bienes y servicios, pero salvo en circunstancias de miseria extrema, el escenario no está en relación directa con la calidad de la vida de las personas que habitan en él. Dicha calidad es una elección independiente de suscribir o no un buen plan de pensiones. Una rueda pinchada no te arruinará el día si te sientes agradecido, no sólo por el regalo de disponer de transporte, sino también por el regalo de la vida.

LA FELICIDAD ES UN PROBLEMA SERIO
El autor y presentador en Los Ángeles, Dennis Prager, afirma que la felicidad es un problema serio. Sugiere que cuando nos levantemos por la mañana, deberíamos percatarnos de las muchas cosas buenas de nuestras vidas que nos pasan

inadvertidas. Por ejemplo, es muy probable que nuestro hígado funcione bien en estos momentos. No hay razón para darlo por hecho; sin embargo, nos acostumbramos y no sabemos apreciar muchas cosas importantes que en realidad son bendiciones. El único camino a la felicidad es la gratitud por las numerosas bendiciones presentes en nuestra vida. En caso de que no lo sepas, los que nadan en un mar de gratitud experimentan antes una vida plena y feliz. Si eres capaz de crear un sentido profundo de gratitud por las muchas cosas buenas que hay en tu vida, te encontrarás en la mejor posición para sacar partido de *FISH!*

EJERCICIO

Esta semana lleva un diario de gratitud y anota en él, todos los días, las cosas por las que te sientes agradecido. Presta especial atención a las cosas importantes que das por hechas pero que podrían desaparecer en un instante. No dejes de hacerlo ningún día y verás que al final de la semana habrás entrado en un estado mental FISH! Y luego sigue el proceso toda tu vida.

Escribe en el recuadro algunas de las cosas más interesantes por las que hayas descubierto que estás agradecido y compártelas con un amigo durante el fin de semana. A propósito, no te olvides de dar gracias por el regalo más importante: la propia vida.

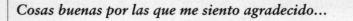

Cosas buenas por las que me siento agradecido...

Segunda semana:
Haz un inventario completo FISH! y fíjate algunas metas

Seguidamente encontrarás la escala *oficial* de FISH! Examínala y mientras lo haces, piensa en el lugar donde trabajas. Cierra los ojos, imagina a las personas que trabajan allí, contempla la actividad y valora el humor en un día normal. Una vez que hayas repasado mentalmente el lugar donde trabajas, piensa en las historias de este libro. Recuerda los juegos de Sprint y compara el escenario de tu trabajo con un espacio alegre, divertido y desenfadado. Piensa en el concesionario de Ford en Rochester y en su afán por «alegrar el día» a los demás. Haz lo mismo con el Centro Baptista de Missouri y reflexiona sobre la manera en que aquellos fabulosos cuidadores aprenden a «estar presentes». ¿A cuál de ellos se parece tu puesto de trabajo? Por último, repara en Tile Tech y «escoge tu actitud». A continuación, completa el siguiente inventario marcando con un círculo el número que mejor representa tu ambiente laboral comparándolo con el ambiente en el mercado de Pike Place y los entornos descritos en las historias que hemos relatado. Lee atentamente las afirmaciones antes de marcar tu opción.

EJERCICIO: PRIMERA PARTE

Jugar   1   2   3   4   5

1. Hay tanta tensión que jugar es una m...
5. Se respira una atmósfera alegre y relajada. Sonrío con sólo pensar en ella.

Alegrar el día   1   2   3   4   5

1. Trato a los clientes y a los compañeros de manera indiferente o les hago sentir que me interrumpen.
5. Trato a los clientes y a los compañeros de manera que se sienten especiales.

Estar presente   1   2   3   4   5

1. La gente parece tan distraída que resulta difícil saber si te escuchan.
5. Al hablar con alguien eres su único foco de atención.

Elegir tu actitud   1   2   3   4   5

1. Los empleados muestran la misma madurez de un niño de dos años que tiene un mal día.
5. Existe un alto nivel de responsabilidad y todo el mundo sabe que está en su mano elegir su actitud.

¡Estupendo! Ahora estás listo para la parte más difícil.

210

EJERCICIO: SEGUNDA PARTE

Escoge el apartado que te gustaría mejorar y escribe una frase. Por ejemplo, podrías escribir: Elijo el 2 que marqué en «Alegrar el día» porque me parece que en ese aspecto hay mucho por mejorar.

Ahora proponte algunas metas y establece algunos compromisos para esta semana que te ayuden a avanzar en una dirección positiva en relación a esa categoría. Deberían ser cosas que puedas realizar sin la ayuda de nadie. Define un par de metas para empezar.

Ejemplo: Elegiré a dos compañeros de trabajo y buscaré la oportunidad para hacer algo especial por ellos.

Ejemplo: Buscaré la manera de estar de buen humor.

Ahora te toca a ti.

1.

2.

3.

Tercera semana:
Encuentra maneras para jugar
en el trabajo

Es una semana fácil. En Pike Place los pescaderos se arrojan el pescado por los aires, cantan y bromean con los clientes. En Sprint bailan *Los Pajaritos*, oyen música disco y celebran los éxitos de los demás. Como dijo uno de los pescaderos de Pike Place: «Hay millones de maneras de jugar. No tiene por qué ser lanzando pescados por el aire».

Esta semana tu trabajo consiste en hacer una lista de todos los juegos que se te ocurran, o como mínimo de 50. Recuerda que la idea es hacer cosas que creen un ambiente desenfadado en el trabajo. Observa a las personas que mejoran de humor cuando entran en la sala. Imagina que eres un explorador en una tierra desconocida y que quieres pasarlo bien. Empieza escribiendo tus ideas y tus observaciones. Incluso te ayudaré un poquito.

EJERCICIO:

1.	26.
2.	27.
3.	28.
4.	29. Día del sombrero divertido
5.	30.
6.	31.
7.	32.
8.	33.
9.	34.
10.	35.
11.	36.
12.	37.
13.	38.
14.	39.
15.	40.
16.	41.
17.	42. Colgar fotos familiares en la sala
18.	43.
19.	44.
20.	45.
21.	46.
22.	47.
23.	48.
24.	49.
25.	50.

Cuarta semana:
¡Pásalo bien!

Esta semana está dedicada a pasarlo bien con las ideas de la semana pasada. Escoge cinco ideas que hayas escrito la semana pasada y pon en práctica una cada día de la semana. Si trabajas más de cinco días a la semana, entonces ¡trabaja menos! Es una broma. Si trabajas los sábados, escoge seis. No importa.

Recuerda que jugar opera en el contexto de «alegrar el día», «estar presente» y «escoger tu actitud». Si tienes eso en mente, el juego no resultará inapropiado. Apartar la silla a alguien cuando está a punto de sentarse puede parecer divertido pero, si esa persona sufre problemas de espalda, probablemente no le alegrarás el día.

EJERCICIO
En los siguientes recuadros, escribe tus experiencias destacables de la semana.

Al final de la semana, comenta tus experiencias con un compañero de trabajo.

Quinta semana:
Intenta alegrarle el día a alguien

Los pescaderos de Pike Place *intentan* todos los días alegrarle el día a alguien. Han aprendido que cuando tienes una intención, las oportunidades se presentan fácilmente. En Tile Tech descubrieron una gran manera de alegrarles el día a los empleados y, encima, pasarlo bien. Doug se presentó en una obra a la hora de comer y sorprendió a los operarios trayéndoles tres patinetes motorizados para que se pasearan en ellas. Hizo de la pausa un momento memorable y transmitió el poderoso mensaje de que el jefe valoraba a sus empleados.

EJERCICIO

Piensa en las personas a las te gustaría alegrarles el día. Haz una lista de los nombres, y cuando se te ocurra una idea, anótala. Luego, cuando sea el momento oportuno, ponla en práctica.

Pretendo alegrarle el día a esta persona. Mi idea es...

1. Nombre: Idea:

2. Nombre: Idea:

3. Nombre: Idea:

4. Nombre: Idea:

5. Nombre: Idea:

6. Nombre: Idea:

7. Nombre: Idea:

Sexta semana:
Actos de amabilidad
fortuitos y vacas

Después de que Carr Hagerman y yo visitáramos una empresa en Dodgeville, Wisconsin, Carr (sí, de veras se llama así) decidió alquilar un coche para volver a Minneapolis, en vez de ir hasta Madison y coger un avión. Al vernos de nuevo me explicó la siguiente historia.

Iba conduciendo por la Autopista 52, justo a las afueras de Rochester, Minnesota, cuando vio que los coches que iban delante frenaban. El motivo de la retención no tardó en hacerse evidente. Doce vacas deambulaban por el arcén dispuestas a cruzar la autopista y disfrutar de la hierba fresca que separaba los dos sentidos de la marcha. Algunas habían empezado a cruzar pero un camión las había asustado lo bastante para hacerlas retroceder hasta el arcén donde sin duda reunirían el valor para intentarlo de nuevo.

Urbanita de la cabeza a los pies, Carr quiso aprovechar una oportunidad única en su vida. Se bajó del coche y condujo las vacas moviendo las manos y gritando: «¡Arre, arre!» Las vacas abandonaron la calzada pero seguían estando en un lugar peligroso, puesto que bloqueaban la entrada a la autopista por un carril lateral, justo a la salida de una curva cerrada. Carr se percató del peligro que suponía la falta de visibilidad para los conductores y redobló sus energías. Poco después, las vacas pastaban felices alrededor de Carr en una ladera infestada de tábanos. Mientras seguía rodeado de las vacas, que observaban curiosas su teléfono móvil, Carr vio pasar como una exhalación una moto pilotada por un motorista sin casco, que entró en la Autopista 52 a la velocidad del sonido y que desapareció en la distancia.

Carr se quedó donde estaba, rascándose frenéticamente y pensando en la magnitud de lo que acababa de suceder. El joven motorista no sabría nunca que un extraño le había salvado la vida. No se conocerían nunca ni llegarían a intercambiar un saludo jamás. Mientras le invadía la grata sensación de haber hecho un buen trabajo, a Carr le asaltó otro pensamiento más humilde. «¿Sería muy larga la lista de las personas que han hecho algo importante y anónimo por mí?»

EJERCICIO

Dedica esta semana a pensar en los actos fortuitos de generosidad en un lugar donde hacen mucha falta: en el trabajo. Al final de la semana escribe el acto fortuito de generosidad que consideres tu favorito y cuéntaselo a un amigo.

Mi acto fortuito de generosidad fue...

Séptima semana:
¿Por qué no podemos estar donde estamos?

Una de mis escritoras favoritas es un espíritu creativo llamado SARK. Tengo una tarjeta de colores con una de sus citas en la puerta del frigorífico. Me recuerda algo muy importante y muy fácil de olvidar. Dice así: «¿Por qué no podemos estar donde estamos?»

Los pescaderos de Pike Place no venden pescado. Trabajan para mejorar la calidad de vida del planeta, atendiendo a sus compromisos por orden. Y venden mucho pescado. Eso es algo que no podrían hacer si estuvieran distraídos, faltos de interés, hablando por teléfono móvil o desconectados de lo que les rodea. Con sus clientes están físicamente presentes, pero también están presentes en espíritu. Saben muy bien cómo «estar donde están».

NAVIDADES EN JULIO

En cierta ocasión mantuve una conversación fascinante con mi amigo Jerry McNellis. De niño, había contraído una poliomielitis que le obligó a pasar largas temporadas en el Hospital Infantil de Gillette, en St. Paul. Era la época del pulmón de hierro y aunque la vacuna antipoliomielítica Salk estaba a la vuelta de la esquina, aún no podía ayudar a estos niños.

No conocía a Jerry cuando estaba en Gillette; nos hicimos amigos algunos años después. Le pedí que me explicara cosas de su estancia allí y de las visitas que recibía. Durante las vacaciones, Gillette se llenaba de personas bienintencionadas que repartían caramelos y sonrisas forzadas mientras recorrían el hospital. Para estas visitas, las vacaciones era el momento de hacer «algo» por los niños con discapacidades físicas. Sin embargo, para los niños la mayoría de las visitas eran un tormento porque carecían de algo fundamental: compromiso. Sólo algunas de las personas que les visitaban durante las vacaciones dedicaban un rato de su tiempo a charlar con los niños. Aquello parecía un desfile anónimo donde repartían caramelos.

Sin embargo, había dos grupos que repartían gran alegría a los niños no sólo en vacaciones sino durante todo el año. Uno era un grupo de danza que bailaba con ellos. El otro era un grupo de niños con problemas emocionales, que venía del Hospital de St. Peter. Los niños del St. Peter acudían en verano para celebrar la Navidad en julio. En sus visitas, jugaban, charlaban y se relacionaban con los niños del Gillette. Estaban completamente presentes. En eso consiste el poder «estar presente»: transforma la dinámica humana.

EJERCICIO

Dedica esta semana a estar presente donde estés. Piensa en todas las personas con las que te relacionas todas las semanas en el trabajo. Plantéate todos los escenarios laborales en que te encuentras. Esta actividad está pensada para aumentar la eficacia de todas esas interacciones, disminuir la ansiedad y hacerlas más placenteras.

Seguidamente encontrarás algunas ideas que puedes probar o utilizar para estimular las tuyas. Después de cada episodio, invita a la persona con quien «estabas presente» a reflexionar sobre la experiencia. Sus comentarios te ayudarán a detectar cualquier distracción, por pequeña que fuera, y a agudizar tu habilidad para estar donde estás.

IDEAS PARA «ESTAR PRESENTE»:

• Cuando alguien entre en tu despacho para charlar, puedes decir: «Lo siento, no es un buen momento», o bien apagar la pantalla del ordenador y desconectar el teléfono o no atender las llamadas telefónicas mientras conversas con la persona que tienes delante

224

de ti. Si estás esperando una llamada, dilo desde el principio. Y siéntate más cerca de tu interlocutor, busca la mejor posición para «estar presente».

• Informa siempre del tiempo de que dispones para la conversación y pregunta si es suficiente.

• Aunque mantengas una breve conversación con alguien, procura situar tu cuerpo de manera que sólo veas a la otra persona.

• Durante las conversaciones, evita pensar en cosas que no estén relacionadas con el tema, y hazlo tantas veces como sea necesario.

• Nunca lleves tu móvil a una comida, a menos que participes en una Convención de Tecnología Motorola. En ese caso, llévalo pero no lo enciendas.

• Si estás al aire libre, procura no distraerte con nada mientras estás hablando con una persona.

• Di el nombre de la persona tantas veces como puedas sin que resulte raro.

•
•
•
•
•

PLUS DE LA SÉPTIMA SEMANA: NO TE AGOBIES POR LAS COSAS PEQUEÑAS

Esta semana, trabaja tu atención como un paso para estar presente. Date el gusto de leer un pequeño y delicioso libro titulado *No te ahogues en un vaso de agua,* de Richard Carlson, para entender el poder que tienes sobre la distracción y los pensamientos negativos. Los pensamientos no se pueden controlar, invaden la mente sin aviso. Tu poder no reside en controlar los pensamientos, sino en elegir no otorgarles demasiada importancia. Deja que fluyan y así reducirás su impacto cuando te esfuerzas por «estar presente» para los demás. Cuando apliques este poder, habrás ganado un diploma en «estar presente». Dedica algún tiempo a pensar en las implicaciones que tendrían para ti algunas de las historias de Carlson.

Octava semana:
¡Qué fascinante! ¡Ahora estate presente!

Durante 30 años, Tony Buzan, el creador de un sistema llamado trazado de mapas mentales*, ha sorprendido y deleitado a su público con dos palabras: «¡Es fascinante!». Cuando recurre a los malabarismos como metáfora del aprendizaje, deja caer una de las pelotas y dice: «¡Es fascinante!». El mensaje es que dejar caer la pelota es un suceso importante en el proceso de aprendizaje. Sin él, no habría aprendizaje. En lugar de considerarlo un fallo o decir: «¡Vaya! ¡Se me ha caído la dichosa pelota!», es más apropiado decir: «¡Es fascinante!», recogerla y volverlo a intentar. Y para aprender, es importante dejar caer bien la pelota.

En un mundo donde todo ocurre a gran velocidad, «estar presente» es una destreza complica-

---

* *El libro de los mapas mentales. Cómo utilizar al máximo las capacidades de la mente*, Ed. Urano, Barcelona, 1996.

da. Son múltiples las distracciones y las presiones que nos apartan de la tarea que tenemos entre manos, arrastrándonos hacia el caos circundante. Cuando te ocurra eso, prueba a decir: «¡Es fascinante! Yo quería ir a Charleston, Virginia Occidental, y resulta que estoy en Charleston, Carolina del Sur. ¡Es fascinante! Lo intentaré de nuevo».

Cuando Beth, mi hija mayor, tenía cuatro años, me preguntó un día si podíamos ir al parque. Le contesté que sí. Era algo que quería hacer pero con mi apretada agenda de viajes en aquellos momentos, lo pospuse para la semana siguiente. Un año después caí en la cuenta de que todavía no había cumplido mi palabra. Incluí esta historia en mi presentación ante la Asociación Americana del Corazón y una semana después recibí un correo electrónico de un padre con dos hijos. Me explicó que durante un año había prometido a sus dos hijos varones que acamparía con ellos en el jardín de su casa. Mi historia le había dado mucho que pensar y acabó diciéndose a sí mismo: «¡Es fascinante! Quiero a mis hijos y me encanta hacer cosas con ellos, pero ha pasado un año desde que planeamos acampar juntos en el jardín de casa». Esa noche padre e hijos durmieron bajo las estrellas.

Estar presente exige un estado de conciencia que traspase el estrés y el caos que forman parte de nuestro mundo. Seguro que cometerás errores y cuando eso ocurra, lo más razonable que puedes hacer es decir: «¡Es fascinante!», e intentarlo de nuevo.

EJERCICIO: EN ESTE MOMENTO
Esta semana la primera tarea es leer esta cita de Thomas Merton:

«Las prisas y las presiones de la vida moderna constituyen una forma, quizá la forma más común, de violencia innata. Dejarse llevar por un sinfín de preocupaciones conflictivas, rendirse ante demasiadas exigencias, comprometerse con demasiados proyectos, querer ayudar a todo el mundo en todo es sucumbir a la violencia. Y no sólo eso, es cooperar con la violencia. El frenesí del activista neutraliza sus esfuerzos por la paz. Destruye su capacidad interior para la paz. Acaba con lo provechoso de su trabajo porque mata la raíz de la sabiduría interior que hace que su trabajo sea fructífero.»

EJERCICIO
Dedica el resto de la semana a intentar estar sólo en un lugar a la vez y aprende la lección más poderosa del universo. Hay poca tensión o ansiedad en el lugar al que llamamos *presente*. Y cuando te encuentres preocupándote por el futuro, di: «¡Es fascinante!», luego respira hondo y regresa al presente. Y si estás trabajando en un proyecto pero pensando en otro, di: «¡Es fascinante!», luego respira hondo y elige un solo proyecto que acapare toda tu atención. Y si resulta que la ansiedad que te provoca todo lo que tienes que hacer

te impide ir al parque a jugar con tu hija, sentarte a charlar con tu esposa, o acampar en el jardín de tu casa, di: «¡Es fascinante!», y vuelve al presente. Es un lugar maravilloso en el que estar. Decide trabajar o ir al parque; cualquiera de las dos cosas está bien siempre y cuando estés totalmente presente en lo que haces. No te quedes sentado y ansioso. Eso no vale para nada. ¡Es fascinante!

PLUS DE LA OCTAVA SEMANA: EL PODER DEL AHORA

Si deseas saber un poco más sobre este importante tema, te sugiero la lectura de *The Power of Now*, de Eckhart Tolle. Este libro despliega tanta sabiduría en sus páginas que siempre lo tengo a mano. Sé que puedo abrirlo en cualquier página y sentirme recompensado con alguna idea.

No hay duda de que Tolle comprende el daño que causa pasar demasiado tiempo pensando en el futuro y en el pasado. Con gran claridad, describe la paz y la tranquilidad que sólo se pueden encontrar cuando vives el momento presente. Abre este libro por cualquier página y disfrútalo. Si te pasa como a mí, lo tendrás mucho tiempo sobre la mesa de trabajo.

EJERCICIO
Después de hacer varias incursiones en los escritos de Tolle, escribe algunas de sus ideas aquí:

230

Novena semana:
¿Tienes toda la baraja?

He aprendido mucho de mi colega Carr Hagerman, pero quizá la lección más importante la aprendí de su experiencia en el teatro. Un día me dijo: «Ver actuar a alguien no es interesante. Un actor debe *meterse* en el papel que interpreta».

He pensado mucho en esta lección de teatro. Los grandes actores no «actúan»; interiorizan las emociones, los sentimientos y la personalidad de su personaje. Para mí esto es la prueba del poder de elección que tenemos todos. Es posible que Romeo y Julieta hayan estado atrapados en algún atasco o hayan discutido con algún ser querido, pero el público no percibe nada de eso cuando suben al escenario. ¡Todos tenemos esa capacidad!

Como preparación para tu papel más importante —el de tu propia vida—, quizá podrías inspirarte en la idea del teatro. Imagínate una baraja de cartas, cada una de las cuales contiene por un lado la descripción de una actitud y por el otro, palabras, imágenes o frases que contribuyen a producir el estado interno que acompaña a dicha actitud. En otras palabras, «recrea esa actitud en ti».

Si elijo la actitud de serenidad, podría acompañarla de la imagen de mi rincón favorito en el lago. Si elijo la paciencia, puedo imaginarme a mi perro Bobby, esperando con inquietud, mientras sostengo una golosina en mi mano. Si es preciso, es capaz de aguantar horas en esa postura. Si quiero crear menos egoísmo y más amor incondicional en mi vida, entonces la imagen de la Madre Teresa sería perfecta. Si aspiro a la actitud de entusiasmo, entonces las distintas fases de la luna del poema *Faith* de David Whyte me recordarán que necesito tener una fe similar en las alegrías y en las tristezas.

EJERCICIO

Esta semana hay dos ejercicios y seguramente ya te imaginas cuál es el primero. Dispón las cinco primeras cartas de la baraja de actitudes. Unas cartulinas del tamaño de una libreta pequeña son ideales para esta tarea. De todas las elecciones posibles, escoge cinco actitudes que te gustaría encontrar más a menudo en tu vida.

Después de haber preparado las cartas, simplemente míralas a intervalos durante el día, quizá cada hora o cuando suene el teléfono. Hazte cada vez la siguiente pregunta: «¿Qué actitud tengo ahora mismo?

¿Me sentiría mejor con una de las cinco cartas en la mano?» Si no te gusta la que tienes, elige otra, pero antes, intenta describir lo mejor que puedas la actitud que tienes en ese momento.

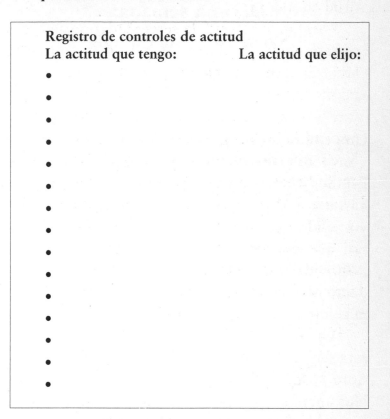

Registro de controles de actitud
La actitud que tengo: La actitud que elijo:

•
•
•
•
•
•
•
•
•
•
•
•
•
•

Décima semana:
No se trata de escoger
una actitud positiva

Una empresa de ingeniería del sur de California y un fabricante de ropa de la región central de Estados Unidos tienen algo en común. Ambos han decorado una pared con diferentes distintivos, cada uno de los cuales representa una actitud que puedes elegir: tranquilidad, paciencia, positividad, energía, afecto, sensibilidad, productividad y amor. No obstante, el distintivo que más miradas atrae es el de «Cabreo».

La idea sobre la que debemos reflexionar esta semana es que no se trata de escoger una actitud *positiva*. Se trata sencillamente de escoger. Hay veces que la vida no nos sonríe y por ello la actitud que elegimos deja bastante que desear. Pero si consigues conectar con el hecho de que sea cual sea la actitud que tengas, es la que has elegido en ese momento, entonces tu propia concienciación te empujará en una dirección más satisfactoria.

Aprende de la «duquesa» y de la «diva» del departamento de distribución de ChartHouse (en ChartHouse inventamos títulos para la gente; es una de las cosas desenfadadas que hacemos). Wendy y Gwen se encargan de gestionar la red de distribuidores de la empresa, una tarea exigente. Han colgado un mapa del mundo en la pared y una tablilla en la puerta de su despacho donde, todas las mañanas, anuncian su actitud. Me encanta pasar por delante y ver lo que han elegido ese día. Unas veces hay escrito: «Frustración» o «Melancolía», pero es más frecuente encontrar: «Confianza» o «Energía». Sea lo que sea, el hecho de anunciarlo recuerda a la duquesa y a la diva, y también a todos los que lo leen, que ellas han elegido su actitud. No lo olvides. Cualquiera que sea tu actitud en este momento, es la que tú has escogido.

EJERCICIO

El ejercicio de esta semana es sencillo pero eficaz. Coloca una tablilla en la puerta de tu despacho o cerca de tu mesa y anuncia regularmente tu actitud para que todos la vean. Fíjate si tu ejemplo invita a otros a empezar a anunciar su actitud debajo de la tuya.

Undécima semana:
¿Quién eres mientras haces
lo que estás haciendo?
¿Por qué no establecer
un récord mundial?

Este es un momento tan bueno como cualquier otro para deciros que ostento un récord mundial. ¡De verdad! Hoy soy calvo, estoy en baja forma, peso 105 kilos y tengo sesenta años. Pero hubo una época en que era calvo, pesaba 105 kilos y tenía diez años menos.

En 1993, viajé a Lafayette, Louisiana, para competir en la carrera de Hubba Buba. Se celebraba el campeonato mundial de cinco millas en categoría «percherones». Para poder participar en la división masculina en categoría «percherones», tenías que sobrepasar los 90 kilos; de manera que mis 105 kilos me clasificaron sin problema. Mientras me situaba en la línea de salida, me alentó comprobar que éramos sólo cinco los que competíamos en la división de mayores de cincuenta años. Reconocí a los otros cuatro por el color de sus dorsales. Dos de ellos me sobrepasaban en peso y sus 112,5 kilos sin duda les situaban en desventaja, lo que me inspiró confianza. Bueno, siempre y cuando no me pusieran la zancadilla a la salida.

Sonó el pistoletazo de salida y la tierra tembló cuando la masa humana salió disparada de la línea de salida. A un kilómetro y medio de la salida, tres de mis competidores dieron muestras de encontrarse en apuros mientras pasábamos una marca a los siete minutos y quince segundos, a una velocidad vertiginosa. Me situé detrás del corredor que iba en cuarta posición y eché mano de todas mis reservas para mantener el paso. Cuando nos aproximábamos a la meta y me preparaba para realizar mi famoso *sprint*, mi competidor tropezó con un corredor joven de 135 kilos, que se había detenido de repente en medio de la carretera. Aceleré, adelantándole por el lado en que no podía verme, y acabé la carrera un segundo por delante de él, en un tiempo excelente de 35 minutos con 40 segundos, que me convirtió en campeón mundial.

Esa fue la última vez que se celebró el campeonato mundial de la carrera Hubba Buba, por lo que hasta el día de hoy, sigo ostentando el título de campeón mundial. ¿La moraleja de mi historia? Pues que si encuentras un estanque lo bastante pequeño, ¡puedes ser un gran *PEZ!* ¿Sabes que en la categoría de «ser tú mismo» no sólo eres un campeón mundial, sino que también has batido todos los récords? Y algo incluso mejor, cada vez que mejoras, estableces un récord nuevo. ¿Por qué no intentar llegar más alto?

TODOS TENEMOS COSAS QUE HACER, PERO ¿QUIÉNES SOMOS MIENTRAS LAS HACEMOS?

Dedica la undécima semana a mejorar los muchos récords mundiales que tienes en tu haber. ¿Y si bates un nuevo récord entre los miembros de tu equipo? Esta semana podrías mejorar tu récord de contribuciones positivas a tu departamento. Esta es una semana para que establezcas nuevos récords mundiales.

EJERCICIO
Si necesitas un incentivo para comenzar, pregúntate: «¿Qué tendría que hacer para arrebatarme el récord mundial a mí mismo?». Aplícalo a todos las funciones más importantes que desempeñas en tu vida y toma nota de los momentos más destacados cuando lo hagas para tenerlos en cuenta la próxima vez que revises tus actuaciones. ¿Por qué no?

La función que desempeño: *Mi nuevo record mundial:*

239

Duodécima semana:
Ponle la etiqueta de ¡estás en ello!
Enciende algunos fuegos FISH!

El primer año que trabajé como monitor en el Camp Courage, me asignaron la cabaña de los chavales, la cabaña número tres. Los chavales, de edades comprendidas entre los ocho y nueve años, llenaron la cabaña de energía, a pesar de que arrastraban una terrible variedad de problemas físicos, gracias a un espíritu optimista común. Nunca olvidaré a Beaver.

Beaver era un niño de ocho años, con los dientes salidos, que padecía distrofia muscular. Se desplomaba en la silla de ruedas porque carecía de la fuerza muscular necesaria para sentarse derecho. El segundo día de campamento, el siempre sonriente Beaver anunció que quería ir de excursión no por los caminos asfaltados que recorrían el campamento, sino por el bosque. Si tienes diecisiete años y eres monitor, se te ocurren soluciones que no te plantearías unos años después. Envolvimos a Beaver en toallas de playa para protegerlo y emprendimos una excursión, campo a través, con todos los de la cabaña a la zaga. Íbamos en fila india por la maleza, con cuatro sillas de ruedas y media docena de muletas. Una hora después regresamos; los niños estaban eufóricos y Beaver no hablaba de otra cosa. Me contaron que cuando volvió de las colonias, estuvo hablando de aquella excursión durante todo el viaje.

El verano siguiente busqué la ficha de Beaver mientras preparaba la llegada del primer grupo de acampada. Pero Beaver no había sobrevivido al invierno. Sencillamente, era demasiado débil para continuar.

Pienso mucho en los chavales que no volvieron de colonias el verano siguiente, los compañeros del equipo de fútbol que no regresaron de Vietnam y en otros amigos que se han ido antes que yo. La vida es tan maravillosa y, sin embargo, a menudo parece que veamos el trabajo como un lugar de paso, camino de otro lugar, sin estar nunca realmente presentes en lo que hacemos a cada momento. ¡Es una lástima!

Nuestra última tarea es vivir cada momento con plenitud. Vivir de tal manera que honremos esa maravilla que es la propia vida. Vivir de tal manera que llame la atención de los demás la pasión que la vida despierta en ti. Es posible que tu

241

ejemplo inspire una conversación y ayude a otra persona a descubrir las posibilidades que encierra el comprender que «la vida es demasiado valiosa para desperdiciarla».

EJERCICIO

Busca algo que puedas llevar siempre encima que te recuerde tu compromiso de vivir la vida plenamente y que invite a otros a comentar y preguntar: «¿Y eso a qué viene?». Cada vez que alguien te pregunte por qué llevas un pulpo en la cabeza, o cualquier otra cosa que se te ocurra, tendrás la oportunidad de reavivar tu compromiso con tu visión personal y, al mismo tiempo, encender un pequeño fuego en el corazón y en el espíritu de otra persona. A medida que transcurra el tiempo, descubrirás que tu compromiso se fortalece.

Cuando la gente te pregunte la razón de tu optimismo, ¡háblales de tu elección! Tal vez eso les ayude a meditar sobre sus propias elecciones.

Y cuando tengas la suerte de que se te presente la oportunidad de ayudar a otro ser humano a descubrir su potencial, encuentra el tiempo para hacerlo. Podría ser el legado más maravilloso que dejes en este mundo.

Te deseo que aproveches al máximo cada instante de tu vida.

Agradecimientos
y nota de los autores

Pensaba en las numerosas y variadas contribuciones que han hecho posible este libro, cuando me vino a la cabeza un viejo chiste:

«¿Cuántos escritores hacen falta para escribir un libro?», pregunta alguien. Muy sencillo, responde otro: «Tan sólo uno para sostener la pluma y doce más para pasar las páginas».

En nuestro caso hemos sido dos los que hemos sostenido la pluma: Phil Strand, el «Mago de la Palabra» en ChartHouse Learning, y yo, «El doctor Gran Atún». Nuestras historias provienen de diferentes fuentes. Algunas surgieron en el transcurso de charlas organizadas. Por ejemplo, gracias a una charla en el Centro Médico Baptista de Missouri, pude ver con mis propios ojos la fabulosa actividad que tenía lugar allí y escuchar la historia de Leo y el director de orquesta. Phil entrevistó a decenas de personas del Centro Baptista y de otras muchas empresas cuyos nombres se mencionan en este libro, y las plasmó sobre papel. Todas las historias son verídicas, al igual que los nombres. Queremos expresar nuestro sincero agradecimiento a todos esos héroes cotidianos que no dudaron en dedicarnos parte de su tiempo y compartir sus experiencias e ideas con nosotros. También, queremos dar las gracias en especial a Lisa Franklin, Monica Evans-Trout, Rob Gregory y Sheila Reed por ayudarnos a organizar las entrevistas.

John Christensen, coautor, produjo los documentales que hemos titulado *HISTORIAS DE FISH!* En ellos aparecen empresas reales que han puesto en práctica la Filosofía FISH! Todas las historias que aparecen en este libro, excepto una, se incluyen en el documental. En la producción de estos documentales participaron Carr Hagerman, Robb Harriss, Chris Ohlsen, Laurie McKichan y Mark Davis.

Gracias a John y a la organización de su empresa, ChartHouse Learning, ha sido posible conseguir y recopilar muchas de las historias que nos llegan a través del teléfono y mediante Internet. La filosofía de ChartHouse Learning se podría resumir en: «Contar historias que cambian el mundo». Muchas de las historias surgieron de conversaciones mantenidas entre la plantilla de ChartHouse Learning y los clientes. Queremos expresar nuestro agradecimiento a Cindy Amberger, Ken Chalupsky, Harry Geist, Sarah Gilmore, Gwen Heard, Wendy Koch, Jessica Kovarich, Sharon Kuubits, Anne LaDue, Rick Palmerton, Russell Peterson, Jill Schuerman, y P.J. Wester.

Las páginas web de ChartHouse Learning y FISH! Pond (El estanque de peces) son obra y se mantienen gracias al trabajo de nuestro brillante equipo de comunicaciones de marketing, formado por Allison Donahue, Phil Hoeschen, Jackie Johnson, Patrick North, Betsy Perkins y Mike Wilson.

Los empleados de ChartHouse Learning que hacen posible que ésta siga en marcha son Robin Arndt, Kate Berning, Chuck Bragg, Loretta Engle, Pat Gurnon, Peggy Hanson, Sean Haugen, Tiew Inthirath, Kelly Julius, Kevin Mowery, Candy Sharkey, Randy Sims, Ben Tipler, y Holly Wartnick. Damos las gracias a Kate y a Bethaby Kovar por transcribir muchas de las entrevistas. Y a Mick Lunzer, simplemente por ser Mick.

Harry Paul, coautor del libro, además de contribuir con sus sabios consejos de negocios y su destreza como director de publicaciones, emprendió una gira para hablar de FISH! Combinándolo con su entrenamiento diario en la sala de pesas, recopiló historias reales de personas que se esfuerzan por mejorar su mundo laboral.

Otras de las personas que pasaron la página mientras Phil y yo sosteníamos la pluma son Will

Schwalbe, el mejor director de publicación del mundo (¡tenemos tanta suerte de poder trabajar con Will!), y el increíble grupo de Hyperion (Bob Miller, Ellen Archer, Michael Burkin, Jane Comins, Caroline Skinner, Jill Sansone, Corinna Harmon, Sharon Kitter, Mike Rentas, Kiera Hepford y Mark Chait). Nos sentimos especialmente afortunados de que, aunque Will haya vuelto a ocupar el cargo ejecutivo de director de edición, siga siendo miembro del equipo de FISH! , gracias a lo cual hemos seguido beneficiándonos de sus sabios consejos y de su perspicacia editorial. Fue su intrépido ejecutivo, Bob Miller, quien sugirió que el siguiente libro que debíamos escribir fuera *HISTORIAS DE FISH!*

Al pensar en el agente perfecto, la mayoría de los autores se imaginan a alguien como Margaret McBride de la Agencia McBride. Y nosotros tenemos la gran suerte de contar con ella como agente literaria. Su experiencia en el mundo editorial, su talento como escritora y su increíble amabilidad han jugado un papel vital en la materialización de nuestros esfuerzos.

Concluimos expresando nuestro agradecimiento a tres maravillosos compañeros: Ray Christensen, Carr Hagerman y Kris Brooks. Ray es el patriarca y fundador de ChartHouse. Ha dedicado su vida a reunir los ingredientes que se combinan en la personalidad de un gran director pero no dudó ni un segundo en trasmitírmelos. Cuando John y él me propusieron trabajar con ellos en ChartHouse, me iniciaron en el camino creativo que culminó en la escritura de *FISH!* ¡Gracias, Ray! Tú personificas el espíritu de la curiosidad y la empresa que has fundado es testamento de ello.

Carr me ha enseñado a ver el mundo a través de los ojos del artista callejero. De ello se han derivado experiencias enriquecedoras y gratificantes, que han contribuido enormemente en la redacción de este libro. Kris es una de las últimas grandes creyentes. Nos ha apoyado con su fe, su destreza administrativa y su considerable imaginación.

Para concluir, queremos expresar nuestro más sincero agradecimiento a nuestras familias. Nos habéis dado vuestro amor incondicional. ¿Qué más necesitamos en este mundo?

¡Sigue FISHeando!
Steve Lundin
El doctor Gran Atún
Tahití (es una broma)
Monte Carlo (¡Ojalá!)
Lutsen, Minnesota, USA (¡seguro!)

Otoño 2001

ChartHouse Learning ha lanzado una serie de productos en inglés para ayudarte a que aproveches los numerosos beneficios de la Filosofía FISH! en tu vida laboral. Estos productos incluyen los documentales *FISH!*, *FISH! STICKS*, y *FISH! TALES*, así como también libros, presentaciones en directo y los accesorios FISH! Para obtener más información, visítanos en:

www.fishphilosophy.com

¿Te ha inspirado la Filosofía FISH! en el trabajo, la escuela o el hogar? ¿Hay algo que ahora hagas de forma diferente gracias a la Filosofía FISH!? Si deseas compartir tu historia con nosotros, escríbenos a la dirección:

fishtales@charthouse.com

Lo que nos proponemos en ChartHouse Learning es lograr una concienciación en las personas que les ayude a transformar su experiencia en el trabajo y en la vida, haciendo que sea más intensa y dotándola de un propósito. Para saber más sobre los programas de aprendizaje de ChartHouse, visita:

www.charthouse.com

¿Quieres ponerte en contacto con los autores?

Steve Lundin:
steve@charthouse.com

John Christensen:
john@charthouse.com

Harry Paul:
harrypaul@charthouse.com

Philip Strand:
phil@charthouse.com

FISH!

«Este libro me ha reafirmado en mi convencimiento de que la empresa necesita ilusión y nuevas ideas. Para ello, es preciso que sus colaboradores estén muy informados, motivados y que vivan en un clima de cordialidad y optimismo.»

Dr. José Esteve, presidente del Grupo Esteve, miembro de las Reales Academias de Farmacia y Medicina de Cataluña

«Una parte importante de nuestra vida se desarrolla en el trabajo, por esta razón es imprescindible disfrutar de ello. Este libro nos invita a reflexionar para realizarnos como personas y como profesionales, intentar hacer la vida más agradable a los demás y huir de la monotonía.»

Luis Maldonado, socio de Accenture